CONEXÕES SILENCIOSAS
A LÍNGUA BRASILEIRA DE SINAIS COMO
ELEMENTO DE INTERAÇÃO E FACILITADORA
COMUNICACIONAL ENTRE OUVINTES

CB034026

Editora Appris Ltda.
1.ª Edição - Copyright© 2024 dos autores
Direitos de Edição Reservados à Editora Appris Ltda.

Nenhuma parte desta obra poderá ser utilizada indevidamente, sem estar de acordo com a Lei nº 9.610/98. Se incorreções forem encontradas, serão de exclusiva responsabilidade de seus organizadores. Foi realizado o Depósito Legal na Fundação Biblioteca Nacional, de acordo com as Leis nᵒˢ 10.994, de 14/12/2004, e 12.192, de 14/01/2010.

Catalogação na Fonte
Elaborado por: Dayanne Leal Souza
Bibliotecária CRB 9/2162

C196c 2024	Campi, Gabriel
	    Conexões silenciosas: a língua brasileira de Sinais como elemento de interação e facilitadora comunicacional entre ouvintes / Gabriel Campi. – 1. ed. – Curitiba: Appris, 2024.
	    132 p. : il. color. ; 23 cm. (Coleção Ciências da Comunicação).
	
	    Inclui referências.
	    ISBN 978-65-250-6333-1
	
	    1. Comunicação social. 2. Língua brasileira de sinais. 3. Interação social. I. Campi, Gabriel. II. Título. III. Série.
	
	    CDD – 419

Livro de acordo com a normalização técnica da ABNT

Appris
editora

Editora e Livraria Appris Ltda.
Av. Manoel Ribas, 2265 – Mercês
Curitiba/PR – CEP: 80810-002
Tel. (41) 3156 - 4731
www.editoraappris.com.br

Printed in Brazil
Impresso no Brasil

Gabriel Campi

CONEXÕES SILENCIOSAS
A LÍNGUA BRASILEIRA DE SINAIS COMO
ELEMENTO DE INTERAÇÃO E FACILITADORA
COMUNICACIONAL ENTRE OUVINTES

Appris
editora

Curitiba, PR

2024

FICHA TÉCNICA

EDITORIAL Augusto Coelho
Sara C. de Andrade Coelho

COMITÊ EDITORIAL Ana El Achkar (UNIVERSO/RJ)
Andréa Barbosa Gouveia (UFPR)
Conrado Moreira Mendes (PUC-MG)
Eliete Correia dos Santos (UEPB)
Fabiano Santos (UERJ/IESP)
Francinete Fernandes de Sousa (UEPB)
Francisco Carlos Duarte (PUCPR)
Francisco de Assis (Fiam-Faam, SP, Brasil)
Jacques de Lima Ferreira (UP)
Juliana Reichert Assunção Tonelli (UEL)
Maria Aparecida Barbosa (USP)
Maria Helena Zamora (PUC-Rio)
Maria Margarida de Andrade (Umack)
Marilda Aparecida Behrens (PUCPR)
Marli Caetano
Roque Ismael da Costa Güllich (UFFS)
Toni Reis (UFPR)
Valdomiro de Oliveira (UFPR)
Valério Brusamolin (IFPR)

SUPERVISOR DA PRODUÇÃO Renata Cristina Lopes Miccelli
PRODUÇÃO EDITORIAL Daniela Nazario
REVISÃO Bruna Fernanda Martins
DIAGRAMAÇÃO Jhonny Alves dos Reis
CAPA Lucielli Trevisan
REVISÃO DE PROVA Bruna Santos

COMITÊ CIENTÍFICO DA COLEÇÃO CIÊNCIAS DA COMUNICAÇÃO

DIREÇÃO CIENTÍFICA Francisco de Assis (Fiam-Faam-SP-Brasil)

CONSULTORES

Ana Carolina Rocha Pessôa Temer (UFG-GO-Brasil)	Maria Ataíde Malcher (UFPA-PA-Brasil)
Antonio Hohlfeldt (PUCRS-RS-Brasil)	Maria Berenice Machado (UFRGS-RS-Brasil)
Carlos Alberto Messeder Pereira (UFRJ-RJ-Brasil)	Maria das Graças Targino (UFPI-PI-Brasil)
Cicilia M. Krohling Peruzzo (Umesp-SP-Brasil)	Maria Elisabete Antonioli (ESPM-SP-Brasil)
Janine Marques Passini Lucht (ESPM-RS-Brasil)	Marialva Carlos Barbosa (UFRJ-RJ-Brasil)
Jorge A. González (CEIICH-Unam-México)	Osvando J. de Morais (Unesp-SP-Brasil)
Jorge Kanehide Ijuim (Ufsc-SC-Brasil)	Pierre Leroux (Iscea-UCO-França)
José Marques de Melo (*In Memoriam*)	Rosa Maria Dalla Costa (UFPR-PR-Brasil)
Juçara Brittes (Ufop-MG-Brasil)	Sandra Reimão (USP-SP-Brasil)
Isabel Ferin Cunha (UC-Portugal)	Sérgio Mattos (UFRB-BA-Brasil)
Márcio Fernandes (Unicentro-PR-Brasil)	Thomas Tufte (RUC-Dinamarca)
Maria Aparecida Baccega (ESPM-SP-Brasil)	Zélia Leal Adghirni (UnB-DF-Brasil)

Dedico este trabalho a todas as pessoas que utilizam a Libras como meio de comunicação e se beneficiam de sua presença na sociedade.

AGRADECIMENTOS

Este livro é fruto de minha pesquisa de mestrado em Comunicação Social realizada no Programa de Pós-Graduação em Comunicação Social (Poscom) da Universidade Metodista. Como um trabalho científico nunca é e nem pode ser solitário, deixo aqui os meus mais sinceros agradecimentos à minha **família**, pelo suporte e apoio durante toda a jornada acadêmica. Agradeço ao **Prof. Dr. Elias Paulino da Cunha Júnior**, pela transparência e objetividade com que esclareceu dúvidas, incertezas e pelas ricas sugestões que propôs ao longo da pesquisa.

Agradeço a todo o corpo docente do Programa de Pós-Graduação em Comunicação Social (Poscom) da Universidade Metodista de São Paulo, em particular aos que foram meus professores, pela contribuição, pelos ensinamentos, pela troca de conhecimento e por todo o carinho e atenção que demonstraram aos meus projetos e estudos, quando deles precisei. Sendo eles, **Prof. Dr. Luiz Alberto de Farias, Prof. Dr. Dimas Künsch, Prof. Dr.ª Cilene Victor e Prof.ª Dr.ª Camila Escudero**, que, em específico, contribuiu de forma significativa com minha evolução acadêmica.

Entre o corpo docente, ainda, um agradecimento especial ao meu **orientador, Prof. Dr. Roberto Chiachiri**. Agradeço-o pela leveza, liberdade e cumplicidade com que ele tratou os trabalhos e as ideias que desenvolvi e agradeço pela confiança em meu potencial.

Agradeço, também, por ter a oportunidade de conhecê-lo e de ter uma relação extremamente agradável, ao ponto de às vezes me esquecer de que ele era meu orientador, pois tive o prazer de ganhar um professor, um aluno, um parceiro, um pai, um irmão, um filho e, acima de tudo, um amigo.

Agradeço ao apoio do **CNPq**, Conselho Nacional de Desenvolvimento Científico e Tecnológico – Brasil, que viabilizou o desenvolvimento desta pesquisa.

PREFÁCIO

Em uma sociedade majoritariamente composta por indivíduos ouvintes, a Libras — Língua Brasileira de Sinais — costuma ser subestimada como processo de interação social. Muitas vezes não recebe o devido reconhecimento e sua eficácia no processo comunicacional em que está inserida passa despercebida.

Em *Conexões silenciosas: a* Língua Brasileira de Sinais como *elemento de interação e facilitadora comunicacional entre ouvintes,* Gabriel Campi nos convida a explorar um território até então pouco mapeado e compreendido. Esse título ousado e revelador abre portas para um universo de possibilidades de comunicação, desafiando nossas preconcepções sobre língua e linguagem, interação e inclusão.

Ao longo das páginas deste livro, Campi nos conduz por um caminho reflexivo, penetrando na complexidade da Língua Brasileira de Sinais (Libras) e revelando seu potencial não apenas como uma língua de expressão para a comunidade surda, mas também como um poderoso processo de comunicação entre ouvintes. Esse é o diferencial, o pulo do gato, desta obra, que nos faz compreender com clareza e profundidade a relevância da Libras como uma ponte entre o universo também dos ouvintes, como facilitadora da comunicação entre ouvintes, além de desafiar a barreira que há entre estes e a comunidade surda.

Esta obra não apenas ilumina os aspectos linguísticos e estruturais da Libras, mas também nos convida a refletir sobre a inclusão social e a importância de políticas públicas que reconheçam e valorizem essa língua.

A abordagem do autor, fundamentada em sólida pesquisa teórica e metodológica, traça um caminho inovador. Os capítulos dedicados aos aspectos linguísticos, sociais, educacionais e metodológicos proporcionam uma visão holística e abrangente, enriquecendo a compreensão do leitor sobre o papel flagrante da Libras na construção de conexões significativas e na facilitação da comunicação social. Gabriel defende que, como sendo uma língua com toda sua estrutura gramatical, sintáxica e semântica, a Libras deveria ser disciplina a ser mais bem explorada — e, por que não, obrigatória — nas escolas, sendo aprendida concomitantemente à língua regular do país.

Conexões silenciosas não é apenas um livro, é um chamado à ação, um convite para quebrar o silêncio que envolve a Libras na comunicação social. À medida que nos aprofundamos nas páginas desta obra, somos desafiados a repensar nossas práticas comunicacionais, abrindo-nos para as ricas possibilidades que a Língua Brasileira de Sinais oferece.

A escassez de estudos na interseção entre a Libras e a comunicação é reconhecida como uma limitação, mas também como uma oportunidade para futuras pesquisas. A esperança é que esta obra, ao desbravar caminhos pouco explorados, inspire outros a se aprofundarem na capacidade transformadora na sociedade que a Libras pode imprimir, tanto no âmbito linguístico quanto no escopo mais amplo de políticas públicas inclusivas.

Encorajo as leitoras e os leitores a mergulharem numa jornada de descobertas, reflexões e, acima de tudo, na compreensão da Libras como um elo valioso que une, facilita e enriquece as interações sociais, independentemente das fronteiras linguísticas.

Gabriel Campi, com sua vivência e engajamento nas práticas inclusivas diárias, nos convida a reexaminar e repensar o mundo da comunicação. Ele demonstra que a Língua Brasileira de Sinais (Libras) pode efetivamente facilitar a comunicação entre pessoas ouvintes, expandindo a compreensão da relevância social e relacional que a Libras desempenha.

Boa leitura e bom aprendizado!

São Paulo, fevereiro de 2024.

Roberto Chiachiri

Professor titular dos programas de Pós-graduação em Comunicação e Educação da Universidade Metodista de São Paulo. Diretor da Cátedra Unesco/Umesp de Comunicação.

Os limites da minha linguagem são os limites do meu mundo.
(Ludwig Wittgenstein, em Tratado lógico-filosófico: investigações filosóficas, 2015)

SUMÁRIO

INTRODUÇÃO...15

CAPÍTULO 1
LIBRAS: CONCEITOS E CONCEPÇÕES NA HISTÓRIA, NA COMUNICAÇÃO E NA LINGUÍSTICA...19
1.1 A língua..19
   1.1.1 Língua e linguagem 19
   1.1.2 Histórico da língua..22
   1.1.3 A fala do corpo..25
1.2 Os sinais...28
   1.2.1 As estruturas de gestos e sinais.................................28
   1.2.2 Signos Visuais..31
   1.2.3 A linguagem visual..36

CAPÍTULO 2
AS CONEXÕES COMUNICACIONAIS DA LIBRAS: A LÍNGUA DE SINAIS COMO MEIO LEGAL, SOCIAL E DE VÍNCULOS.............................43
2.1 Presença social 43
   2.1.1 Um meio de comunicação legal 43
   2.1.2 A língua como elemento de interação social 50
   2.1.3 Vínculo comunicacional da Libras 55
2.2 Re(conhecimento) da Libras 59
   2.2.1 Uma sociedade desinformada......................................59
   2.2.2 A falta de reconhecimento da língua 63

CAPÍTULO 3
DA AQUISIÇÃO À PRÁTICA DA LÍNGUA BRASILEIRA DE SINAIS POR OUVINTES...69
3.1 Um novo idioma 69
   3.1.1 A aquisição de uma segunda língua................................69
   3.1.2 Aportes comunicacionais da Libras 75
3.2 Um signo facilitador..80
   3.2.1 Uma visão semiótica 81
   3.2.2 Naturalização de gestos e sinais.................................87

CAPÍTULO 4
A LÍNGUA DE SINAIS COMO FACILITADORA COMUNICACIONAL
ENTRE OUVINTES..91
4.1 Grupo Focal..91
4.1.1 Ouvintes com conhecimento de Libras...............................92
4.1.2 Análise de resultados..95
4.1.3 Ponderações do grupo focal.......................................111
4.2 Um facilitador comunicacional entre ouvintes.......................113
4.2.1 Uma alternativa linguística.......................................113
4.2.2 A Libras onde merece estar.......................................115

CONSIDERAÇÕES FINAIS...119

REFERÊNCIAS..123

INTRODUÇÃO

Em uma sociedade que tem o uso majoritário de uma língua oral (Língua Portuguesa), por um grupo predominantemente ouvinte, tem-se também uma língua visuoespacial (Libras), que não é, todavia, devidamente reconhecida e nem valorizada comunicacionalmente. Essa questão traz um aspecto de interação pouco explorado por indivíduos ouvintes, que, por vezes, podem não compreender a eficácia de uma língua de sinais na comunicação social.

Hoje, muito se sabe sobre os sinais que são encontrados em uma comunicação. Há estudos referentes à comunicação escrita e aos símbolos, à verbal e aos signos linguísticos, à corporal e à proxêmica, e a tantos outros até chegarmos aos gestos e aos sinais propriamente ditos como língua estruturada. Esses são a base para uma pesquisa aprofundada e ainda pouco estudada na área da comunicação, no que diz respeito às facilidades de aproximar indivíduos ouvintes por meio de suas interações sociais.

A proposta deste livro é mostrar como a Língua Brasileira de Sinais pode ser uma facilitadora comunicacional também entre os indivíduos ouvintes. Nessa trajetória, compreendem-se diversas questões da linguística e estudos de linguagens, procurando relacionar os vínculos e os aportes comunicacionais que essa língua pode proporcionar entre seus falantes, analisando os sinais existentes em um diálogo e suas pluralidades interpretativas. Esta obra é orientada com foco nos estudos da língua de sinais em seu processo comunicacional, levando em conta não apenas aqueles como forma de língua, mas também outros tipos de sinais e linguagens presentes na comunicação entre ouvintes. É preciso deixar explícito que este trabalho visa investigar a facilitação da comunicação entre ouvintes por meio da Língua Brasileira de Sinais (Libras), língua essa utilizada majoritariamente pela comunidade surda brasileira, sob a perspectiva cultural dessa comunidade e sua importância na interação comunicacional.

Para tanto, em um primeiro momento, são apresentadas questões teóricas contemplando análises sobre a estrutura da língua e seu campo de atuação comunicacional. A partir disso, há um aprofundamento na questão das interações sociais existentes com a presença da Libras, bem como os vínculos comunicacionais gerados com sua utilização. Concentrando-se na aquisição de um segundo idioma pelo indivíduo ouvinte, propõe-se uma compreensão das facilidades e vantagens que a língua de sinais pode oferecer, não somente entre esses próprios indivíduos, como também, e de importância ímpar, na interação destes com a comunidade Surda, num processo constante de inclusão e igualdade de direitos.

A construção metodológica se processa, fundamentalmente, no levantamento bibliográfico e na análise dedutiva do objeto de pesquisa. Conta também com as contribuições de Ronice Muller de Quadros e Lodenir Becker Karnopp, com os estudos ligados à Língua Brasileira de Sinais, Elias Paulino da Cunha Junior e Cássia Geciauskas Sofiato, enquanto estudos históricos das línguas de sinais, e pesquisas e trabalhos de autores como Maria Maura Cezario, Sebastião Votre, Denice Bortolin Bassegio, entre outros relacionados à linguística aplicada. Lucia Santaella, Ray Birdwhistell e Inês Signorini forneceram, da mesma forma, contribuições significativas por meio de suas pesquisas no campo de linguagens e seus desdobramentos. Assim como Muniz Sodré, Marta Kohl de Oliveira e outros que enriqueceram os estudos voltados a vínculos comunicacionais ligados às interações sociais, sendo referências de muito valor ao desenvolvimento da pesquisa.

Buscou-se por meio de um grupo focal realizado por indivíduos ouvintes, com fluência em Libras, reiterar a tese de que a utilização da língua de sinais, como mais um processo de interação entre ouvintes, pode facilitar toda a comunicação social.

Assim, de natureza híbrida, o trabalho possui uma abordagem teórica e empírica e se desenvolve em quatro partes. Num primeiro capítulo, aborda-se a questão linguística da Libras, tratando-a como um sistema estruturado com condições de realizar um processo comunicacional como qualquer outra língua natural o faz. Com caráter descritivo por meio de levantamentos bibliográficos, o capítulo conta a história da língua de sinais aprofundando-se em algumas questões de linguagens e da sociolinguística.

O segundo capítulo compreende a Libras como elemento de interação social, relacionando-a com um conteúdo voltado para aspectos de pertencimentos e vínculos gerados por meio de sua utilização. Para isso, além de contribuições de obras focadas no assunto, adota-se também uma análise dedutiva de leis e decretos da legislação brasileira que abordam o cenário social e comunitário da língua.

O terceiro capítulo apresenta o processo de aquisição de uma segunda língua e os aportes comunicacionais que a Libras oferece quando utilizada entre ouvintes. Detalha-se, de maneira não exaustiva, a semiótica como uma corrente teórica da comunicação que contribui para a compreensão da funcionalidade de sinais e linguagens existentes na Libras, tendo como objetivo valorizá-la em seu aspecto comunicacional.

O quarto e último capítulo explora a realização do grupo focal, com objetivo de analisar a maneira pela qual os ouvintes se comunicam ao utilizar a língua de sinais como mais um aporte linguístico. Busca-se compreender como esse processo comunicacional pode contribuir para facilitar o entendimento entre esses indivíduos, constatando que a Libras pode ser um facilitador comunicacional em interações sociais.

Tendo tudo isso em vista, o trabalho se justifica em possibilitar que a Libras seja mais explorada e utilizada pelos ouvintes, facilitando a comunicação social entre eles e valorizando a língua de sinais na sociedade como mais uma forma de interação e comunicação.

Embora a atenção da pesquisa esteja centrada na língua de sinais e em sua eficácia na comunicação entre ouvintes, reconhece-se igualmente que a inclusão social representa uma das suas contribuições mais significativas.

CAPÍTULO 1

LIBRAS: CONCEITOS E CONCEPÇÕES NA HISTÓRIA, NA COMUNICAÇÃO E NA LINGUÍSTICA

1.1 A língua

Manifestada de forma oral ou gestual, uma língua não é apenas um idioma. Ela é um conjunto, um processo, um sistema de interação social construído por um desejo comunicacional existente entre indivíduos. Assim, a língua é uma instituição cultural que surge em sociedade, e apresenta um histórico recheado de conceitos e concepções estruturadas à necessidade de quem a utiliza.

Traremos a língua com uma abordagem que nos permitirá refletir seu espaço dentro de um contexto comunicacional ainda maior, seguindo uma linha voltada para a comunicação visuoespacial, que se caracteriza pela percepção visual das coisas num espaço físico e sua interação com elas.

Em outras palavras, traremos uma análise com foco na Língua Brasileira de Sinais, desmembrando alguns conceitos correlatos a toda a linguagem expressa e o envolvimento nesse processo em que a língua e os sinais estão inseridos.

1.1.1 Língua e linguagem

A Língua Brasileira de Sinais (Libras).

Ao longo dos anos, essa sigla vem se popularizando cada vez mais em nosso país. Seja por meio de discussões acadêmicas, das criações de leis, dos vínculos sociais ou na constante luta por direitos, a Libras mostrou-se um tema atual em uma crescente linear. Muito envolvida nos discursos na área de educação, a Língua Brasileira de Sinais nos permite inúmeros estudos relativos à interação social, principalmente à relacionada com os seus usuários: surdos e pessoas com deficiência auditiva. É notório como a existência dessa língua é de extrema importância para seus falantes, tanto para as suas relações interpessoais com indivíduos do mesmo grupo como para com ouvintes que desejam interagir com eles. Torna-se mais que uma língua, é um processo cultural de comunicação que se revela como a principal forma de se expressar com o mundo ao seu redor.

Como meio de comunicação, a Libras possui suas particularidades. Como expressão de todo um grupo, ela faz parte, na sua expressão como língua, de uma linguagem ainda maior, muito mais expressiva e presente no cotidiano de pessoas ouvintes do que se possa imaginar. Em sua totalidade, os ouvintes se utilizam de diversos sinais para interagirem, se expressarem e se comunicarem com o mundo ao seu redor. Caso a interação não se dê com um surdo, a língua de sinais não apresenta nenhuma função nessa comunicação, no entanto, outros tipos de sinais, gestos rotineiros de uma comunicação convencionada, ali estarão.

Mas antes que possamos nos aprofundar no universo da linguagem de sinais — aqui não se trata da língua de sinais —, precisamos entender o que é uma língua de sinal. Para isso, será necessário refletir primeiro sobre a estreita diferença entre língua e linguagem.

Na sociolinguística, área de estudo da linguística em que o objeto de estudo é a língua em uso, tem-se a ideia estrutural da língua como um sistema independente, que aproxima a língua como algo essencial à interação social. Segundo Cezario e Votre (2011, p. 141):

> Para essa corrente, a língua é uma instituição social e, portanto, não pode ser estudada como uma estrutura autônoma, independente do contexto situacional, da cultura e da história das pessoas que a utilizam como meio de comunicação.

Desse modo, a língua configura-se como um sistema, uma representação de um grupo, um produto social de uma comunidade com sua própria estrutura, gramática, cultura e história (Bally; Sechehaye, 2006). Assim, os falantes de uma língua utilizam-na como forma de expressão, de transmissão de ideias, valores e emoções, identificando-se com ela.

É intrínseca ao ser humano a capacidade de produzir, desenvolver e compreender a língua. Capacidade que se reflete em todas as manifestações culturais, como a música, a dança e a pintura, principalmente em seus aspectos comunicacionais. Tal capacidade e todo esse conjunto e seus sentidos consequentes são, então, uma linguagem.

De acordo com Santaella (1983, p. 12):

> Todo fenômeno de cultura só funciona culturalmente porque é também um fenômeno de comunicação, e considerando-se que esses fenômenos só comunicam porque se estruturam como linguagem, pode-se concluir que todo e qualquer

fato cultural, toda e qualquer atividade ou prática social constituem- se como práticas significantes, isto é, práticas de produção de linguagem e de sentido.

Portanto, a língua se conforma como um sistema cultural e estruturado de comunicação que surge em sociedade, e não pode ser estudada como autônoma. Tem-se então a linguagem, de caráter macro e independente. Esta última se manifesta em toda e qualquer forma que o ser humano usa para se comunicar. Petter (2003, p. 6) diz que:

> Assim como não há sociedade sem linguagem, não há sociedade sem comunicação. Tudo o que se produz como linguagem ocorre em sociedade, para ser comunicado, e, como tal, constitui uma realidade material que se relaciona com o que lhe é exterior, com o que existe independentemente da linguagem. Como realidade material- organização de sons, palavras, frases - a linguagem é relativamente autônoma; como expressão de emoções, ideias, propósitos, no entanto, ela é orientada pela visão de mundo, pelas injunções da realidade social, histórica e cultural de seu falante.

Pertencente à macroestrutura da linguagem, a língua se torna uma microestrutura organizada de elementos (escrita, sons e gestos) que possibilitam a comunicação.

A sociolinguística procura, também, se objetivar no que são os dialetos, advindos da língua vernácula, ou seja, da língua natural falada nas comunidades. Assim, os dialetos seriam células existentes dentro dessa estrutura maior, a língua. Consideradas, segundo Cezario e Votre (2011, p. 147-148), como subcomunidades linguísticas:

> O indivíduo, inserido numa comunidade de fala, partilha com os membros dessa comunidade uma série de experiências e atividades. Daí resultam várias semelhanças entre o modo como ela fala a língua e o modo dos outros indivíduos. Nas comunidades organizam-se agrupamentos de indivíduos constituídos por traços comuns, a exemplo da religião, lazer, trabalho, faixa etária, escolaridade, profissão e sexo. Dependendo do número de traços que as pessoas compartilham, e da intensidade da convivência, podem constituir-se subcomunidades linguísticas.

Com tais considerações entre linguagem e língua, sobretudo entre língua e dialeto na perspectiva da sociolinguística, cabe identificarmos se a língua de sinais seria de fato uma língua ou se na verdade ela seria mais um dialeto.

1.1.2 Histórico da língua

Recorre-se, então, à história que infelizmente não aponta registro de onde ou quando exatamente surgiu a língua de sinais. Porém, destaca-se o início de sua utilização como sistema estruturado na metade do século XVIII na França, quando um chefe de monastério desenvolveu um conjunto de sinais para alfabetizar crianças surdas. Foi em 1755 que o abade francês Charles-Michel De l'Épée fundou a primeira escola para surdos, onde ensinava o alfabeto a seus alunos por meio de gestos manuais, descrevendo letra por letra. Até então, crianças surdas e/ou com deficiência auditiva e que não possuíam a oralidade, não eram alfabetizadas. E embora houvesse uma comunidade surda existente em Paris, De l'Épée reconheceu que a comunicação gestual falada por ela não se estruturava em uma gramática. Assim, desenvolveu um método utilizando certo léxico na fala gestual, combinando novos gestos inventados que representavam expressões, verbos e terminações verbais originárias da língua francesa.

Desse modo, a língua de sinais, ao se tornar um conjunto de gestos e expressões faciais e corporais de caráter natural, passou a apresentar uma gramática mais robusta, contemplando toda uma morfologia, sintaxe e semântica complexas.

Aparentemente, pode parecer estranho associar estes estudos gramaticais a uma língua gesto-visual. Entretanto, quando há uma análise clara do que são os gestos realizados, percebe-se que essas estruturas se apresentam naturalmente tanto no estudo da língua de sinal como no estudo do português, por exemplo. Um único sinal gestual pode representar uma palavra inteira ou até mesmo uma expressão. Logo, um conjunto de sinais construirá frases e discursos completos. Portanto, tanto na língua oralizada (Português) quanto na língua sinalizada (Libras), entende-se que há a presença de palavras, frases e seus significados. Dessa forma é notório observar que estruturas gramaticais como morfologia, sintaxe e semântica sejam presentes nos estudos de ambas as línguas.

De acordo com o Programa de Pós-Graduação em Letras e Linguística (PPGLL) da Universidade Federal de Goiás (UFG), dentro da linguística existem divisões de estudos específicas como a

> [...] morfologia, o estudo da estrutura interna das palavras; a sintaxe, o estudo de como a linguagem combina palavras para formar frases gramaticais; a semântica, podendo ser,

> por exemplo, formal ou lexical, o estudo dos sentidos das frases e das palavras que a integram (PPGLL, 2023, on-line).[1]

Dessa maneira, levando-se em consideração as estruturas gramaticais existentes na língua de sinais, bem como seus aspectos linguísticos, não se pode realizar uma abordagem de estudos relacionando-a meramente a um dialeto ou simplesmente a uma linguagem isolada. As autoras Quadros e Karnopp (2004) esclarecem que:

> As línguas de sinais são consideradas línguas naturais e, consequentemente, compartilham uma série de características que lhes atribui caráter específico e as distingue dos demais sistemas de comunicação [...]. As línguas de sinais são, portanto, consideradas pela linguística como línguas naturais ou como um sistema linguístico legítimo e não como um problema do surdo ou como uma patologia da linguagem. Stokoe, em 1960, percebeu e comprovou que a língua dos sinais atendia a todos os critérios linguísticos de uma língua genuína, no léxico, na sintaxe e na capacidade de gerar uma quantidade infinita de sentenças (Quadros; Karnopp, 2004, p. 30).

Com essa perspectiva, percebe-se que as línguas de sinais não são dialetos dentro de uma língua, são na verdade idiomas. Idiomas visuais que são baseados nos movimentos das mãos e complementados com expressões faciais e corporais. Por sua vez, não são auditivas e não necessitam da expressão vocal.

Ao longo dos anos, muitos pesquisadores contribuíram para o desenvolvimento e integração dessa língua na sociedade. Entre eles, nota-se o médico americano Orin Cornett, que em 1966 fez uma contribuição essencial, unindo a utilização dos sinais com a leitura labial.

Hoje, cada país tem sua própria língua de sinal, em sua maioria derivada do alfabeto manual francês. Porém, cada uma com suas expressões particulares e utilizações caracterizadas de acordo com a língua nativa oral. Assim como no Brasil, a língua de sinais passou a ser reconhecida, estudada e ensinada em todo o mundo, muitas vezes regulamentada como meio de comunicação legal,[2] como é o caso da Libras, que também se originou da língua de sinais francesa.

---

[1] Disponível em: https://pos.letras.ufg.br/n/2105-divisoes-da-linguistica. Acesso em: 10 fev. 2023.

[2] Uma análise mais apurada da legislação será realizada posteriormente.

Moisés Gazale, diretor da Federação Nacional de Educação e Integração de Surdos (Feneis), no Rio de Janeiro, em reportagem publicada na revista *Super Interessante*, em 18 de abril de 2011, nos diz que a língua de sinais francesa foi trazida ao Brasil no século 19 pelo conde francês Ernest Huet, que era surdo. A pesquisadora Cássia Geciauskas Sofiato acrescenta que:

> O papel de Huet na história da educação dos surdos no Brasil foi de suma importância, pois ele fundou, em 1857, com o consentimento do imperador D. Pedro II, a primeira escola brasileira de surdos, o Instituto Imperial de Surdos-Mudos (Sofiato, 2005, p. 26).

A significância social desse marco histórico evidencia condições fundamentais para a vindoura constituição da Língua Brasileira de Sinais. Naquela época já existiam surdos brasileiros que, decerto, se comunicavam com alguma forma gesto-visual, e a presença desse grupo de indivíduos foi notada pela sociedade. Surge então uma confluência entre a língua de sinais francesa com os sinais existentes nos centros urbanos brasileiros. Huet foi uma figura histórica de extrema importância para o que hoje conhecemos como Libras, pois além de sua posição social ele trazia uma cultura de sinais já existente, agregando um conhecimento linguístico-visual presente nos surdos brasileiros. De acordo com Cunha Junior (2021), mais do que um professor surdo, Ernest Huet foi um diretor imigrante surdo que compartilhou a cultura surda francesa de forma a disseminar a língua em seu modo de sinalizar por meio de seu uso na comunicação.

Referindo-se aos sinais, ditos como língua, inevitavelmente associamos suas utilizações na interação com surdos, pois em sua grande maioria, esse é o público usuário desse sistema de comunicação e certamente responsável pela sua existência. De acordo com Long (1910 *apud* Sacks 2002, p. 5), educador de surdos que atuou por volta dos anos 1889: "Enquanto houver duas pessoas surdas sobre a face da Terra e elas se encontrarem, serão usados sinais".

Desse modo, em concordância com o autor, esses sinais seriam o código linguístico escolhido entre seus usuários para se comunicar. É mediante esse sistema comunicacional que haverá interação e entendimento entre aqueles pertencentes a essa comunidade. Assim como para qualquer outro grupo social, a língua falada pelos surdos será fundamental para seu firmamento cultural e histórico, tão importante para seu desenvolvimento relacional como para o fortalecimento da luta de direitos. Entretanto, o estabelecimento da comunicação por meio dessa língua se dá em uma única via, em que o caminho da fala gestual circula internamente entre as pessoas pertencentes a esse grupo, a comunidade surda. Com o uso de uma linguagem corporal, expressões faciais e até mímicas, esses indivíduos procurarão se comunicar com outros que estejam fora dessa comunidade, os chamados ouvintes. Ao contraponto que, para que as pessoas que ouvem e expressam a língua oralizada possam interagir adequadamente com o surdo, far-se-á necessária a utilização da língua de sinais. Mesmo que os ouvintes procurem se apropriar, também, de expressões corporais e mímicas para se comunicarem com um surdo, não conseguirão estabelecer uma grande proximidade de entendimento, uma vez que a estrutura da informação já estará comprometida no ato de sua transmissão. Isso se deve porque, mesmo que acompanhada de diversas outras linguagens, a língua de sinal tem sua estrutura particular, e se estabelece no processo comunicacional de maneira independente quando utilizada como principal meio de comunicação. Para um ouvinte, que não se apropria dos sinais linguísticos como recurso predominante de comunicação, tentar reproduzi-los de forma mais clara e fiel a suas significações é a maneira mais fácil de conseguir uma aproximação relacional com um surdo, que tem essa língua como sua principal.

1.1.3 A fala do corpo

Por certo, além dos sinais referentes à língua, dentro de uma simples conversa é evidenciada a presença de diversos outros sinais. Uma linguagem que muitas vezes não exige um conhecimento prévio de sua base estrutural, pensando aqui em um diálogo entre ouvintes. A princípio, mesmo que os indivíduos não tenham conhecimento da língua de sinais, serão utilizados sinais faciais e corporais, gestos de expressões que conduzirão o sentido da conversa. Tais sinais se manifestam na testa franzida de um espanto, nas bochechas ressaltadas durante uma risada, nos olhos semiabertos por conta de uma dúvida ou na postura curvada de um ombro devido ao cansaço que o assunto traz. Outros tantos sinais também são evidentes, como, por exemplo, o de "pare", expresso sem oralidade alguma. Seja escrito em uma placa de trânsito ou no gestual da mão aberta apontada com a palma da mão em direção a um veículo em movimento, esses símbolos, de forma convencionada, representam um pedido de parar, ou, da mesma forma, para pedir calma ou indicar uma espera para alguém. Sem se dar conta, na entrada de um estabelecimento uma pessoa ouvinte abre a mão, vira a palma para outra pessoa e a levanta sem verbalização, solicitando assim que a outra espere para passar. Um sinal gestual não verbal que, apesar de representativo, quando incluído no sistema da língua de sinais brasileira, por exemplo, possuirá um significado qualquer. Em outras palavras, há então uma linguagem que apresenta uma comunicação não verbal.

De acordo com Isabel Galhano Rodrigues: "por comunicação não-verbal (CNV) entende-se, na generalidade, as informações transmitidas através dos movimentos e posições de diversas partes do corpo" (Rodrigues, 2005, p. 67). Ou seja, uma comunicação constituída por diversos tipos de sinais, como gestos, expressões faciais, tom de voz e postura corporal. Sinais que não precisam de palavras faladas ou escritas para determinar seus significados e facilitar suas compreensões. Quando relacionamos essa comunicação à linguagem corporal, há ainda uma longa lista de sinais, indo da movimentação da boca, forma de olhar, o mexer dos pés, a inclinação da cabeça, até a articulação das mãos. Esta, a parte do corpo com maior capacidade comunicacional. Decerto, podemos dizer que o corpo humano como um todo tem condições claras de se comunicar, inclusive que essa linguagem de sinais pode contribuir para o entendimento das palavras ditas ou não. Como publicado na revista *Enfermagem Revista*, em 2013 (p. 12):

> O corpo fala. Isso significa dizer que as palavras são apenas uma parcela da nossa comunicação. Boa parte do que queremos dizer quando estamos frente a frente com outra pessoa é reforçada por meio da nossa postura, gestos, expressões faciais, movimento dos olhos e lábios, volume e tom de voz e, inclusive, pela distância estabelecida entre os interlocutores.

Nosso corpo é capaz de emitir mensagens não verbais, agregando à comunicação entre os indivíduos uma possibilidade a mais de entendimento. Nesse sentido, faz-se necessário atentar-se a cada sinal transmitido para que a comunicação seja mais eficiente e a interação mais próxima.

Monika Matschanig, psicóloga austríaca especializada em linguagem corporal, diz que o corpo emite sinais que podem reforçar palavras, substituí-las e até mesmo contradizê-las (Matschanig, 2013). Assim, começamos a compreender a magnitude que a presença dos sinais não verbais tem na comunicação. A importância dada à existência desses sinais deve ser igual ou ainda maior do que as palavras ditas, pois enquanto a linguagem verbal se apresenta de forma plenamente voluntária, a não verbal pode se manifestar mediante uma reação involuntária, reforçando a questão de que os sinais emitidos pelo corpo podem acabar substituindo palavras ditas. Detalha Bianca Martins (JusbrasilOnline, 2016, Art. 1):

> A linguagem não verbal pode ser, muitas vezes, considerada uma reação involuntária do indivíduo, provindo do inconsciente de quem a comunica. É o caso das expressões faciais, gestos e olhares. Por exemplo, quando não gostamos de algo é comum que, através de movimentos corporais, deixemos demonstrar tal insatisfação.

Seguindo pelo entendimento amplo de toda essa linguagem não verbal, é possível constatar que esta é, então, uma linguagem de sinais, pertencente a um processo comunicacional não verbal.

Sejam os sinais utilizados enquanto língua ou aqueles expressados de forma corporal, eles são, em sua totalidade, representativos e de extrema importância para as interações interpessoais. Para Ray Birdwhistell (1970), antropólogo norte-americano pioneiro no estudo da linguagem não verbal, essa forma de interação corresponde a 65% da comunicação, enquanto a atribuição dos outros 35% se faz na troca de palavras.

A comunicação sempre estará atrelada ao entendimento dos envolvidos em seu processo, e as interações entre os indivíduos os conduzirá a uma compreensão. Diante da importância da linguagem de sinais na questão interacional, a percepção e o conhecimento dos sinais existentes na comunicação não verbal são fatores fundamentais para que se tenha maior compreensão da mensagem que se quer transmitir. Como publicado por Suraia Schelles na *Revista Esfera* (n. 1, jan./jun. 2008) "Antes de tudo, cada um precisa se conhecer. Pois quanto mais o indivíduo se conhece, mais facilidade tem para decodificar a linguagem do outro e fazer com que o outro também consiga perceber sua mensagem."

Tudo que envolve a percepção individual e as relações humanas gera desafios de compreensão; porém, quando há uma sincronia de conhecimento, a comunicação se torna mais clara e a interação mais próxima, aumentando a probabilidade de entendimento entre as partes. Se, no processo comunicacional, a linguagem de sinais corresponde ao maior espaço de interação, haverá momentos em que não se fará necessária a presença da linguagem verbal.

Segundo Corraze (1982), em certas ocasiões a linguagem não verbal é indispensável, pois a verbal não conseguirá por si só estabelecer a interação entre os indivíduos. De acordo com essas informações, vemos a comunicação não verbal como a soma dos sinais não verbais presentes nas interações, ressaltando a participação indiscutível que os gestos manuais têm. Qualquer pessoa, culta ou não, adulta ou ainda criança, realiza gestos com as mãos durante o processo comunicacional. Aliás, é assim que os bebês, por exemplo, conseguem interagir com as pessoas e o espaço ao seu redor.

De acordo com Denice Bassegio:

> A criança, no princípio de sua vida, ainda não desenvolveu a capacidade de se comunicar usando a linguagem verbal, assim, manifesta-se comumente através da linguagem não verbal por meio do corpo (Bassegio, 2012, p. 630).

Bassegio (2012) enfatiza ainda que, quando o psíquico de um indivíduo precisa se expressar e não encontra palavras, coloca seu corpo para atuar. Atuação essa presente ao longo de toda a vida, pois quando uma criança cresce ela passa a dominar a linguagem verbal, mas continua a utilizar-se de gestos manuais para veicular seus pensamentos, naturalizando, desse modo, esses tipos de sinais.

1.2 Os sinais

Quando tratamos do processo comunicacional de uma língua de sinal, faz-se necessário refletir a estrutura dos gestos em si, entendendo que fazem parte de um sistema muito maior de significações. Sinais que são corporais, expressivos, mas antes de tudo linguísticos, com potencial de representar um mundo visual de forma que um sistema de comunicação oral muitas vezes não consegue alcançar.

Assim sendo, desenvolveremos um raciocínio pautado na realização de sinais, tratados como elementos fundamentais de uma linguagem visual que coexiste com a estrutura linguística de uma língua que é tão natural e completa como uma oral.

1.2.1 As estruturas de gestos e sinais

Além dos sinais corporais apresentados por meio de uma conversa por ouvintes, é comum presenciar a utilização de gestos manuais. Gestos que frequentemente fazem parte do universo da língua de sinais. A Libras, por exemplo, possui uma estrutura completa enquanto língua, abrangendo, conforme dito anteriormente, todo um campo lexical, morfológico, sintático, semântico, pragmático e gramatical. A gramática por sua vez, é aplicável a todo momento durante a utilização dos sinais e expressões faciais corporais, sendo que sua recorrência acontece, muitas vezes, de forma simultânea.

Toda língua possui sua gramática própria, e é impossível estudá-las separadamente. Do mesmo modo que não há como separar a língua portuguesa de sua gramática, não conseguimos estudar a Língua Brasileira de Sinais sem ela também. De fato, saber Libras não é saber especificamente sua gramática, mas conhecer esse recurso é compreender as normas da língua, o que auxiliará a execução dos sinais de forma coerente e adequada. Os estudos relacionados à gramática da língua de sinal são ricos e profundos, de maneira que a própria gramática passa a apresentar estruturas sublexicais e respectivas morfologias, como é o caso dos cinco parâmetros da Libras.[3]

Para Maria Tereza Camargo, renomada lexicóloga e dicionarista brasileira, "o léxico é o lugar de estocagem da significação e dos conteúdos significantes da linguagem humana" (Biderman, 1996, p. 27). Sendo assim, podemos dizer que o léxico é o banco de dados de vocabulário que uma pessoa tem em termos de conhecimento. Obviamente, dentro desse conhecimento, há compreensões específicas sobre o significado de um ou de outro sinal; contudo, alguns sinais em Libras oferecem mais representação do mundo real do que o português enquanto língua oral, e estes conseguem ser executados e compreendidos até mesmo por quem não possui conhecimento lexical da Língua Brasileira de Sinais.

Dentro dessa somática da linguagem de sinais, da ampla comunicação não verbal e da específica língua de sinais, há por si só os signos linguísticos que oferecem representações e propiciam certos significados, às vezes arbitrários, às vezes icônicos, do que está sendo expresso.

Para entrar nessa questão envolvendo a língua de sinais, tem-se uma área que estuda a função do sistema de comunicação linguística, conhecida como Fonologia. Apesar de ser um ramo que envolve estudos do sistema sonoro de um idioma, algo aparentemente distante das análises de uma linguagem não verbal, a fonologia amplia os conhecimentos quanto às estruturas dos sinais pertencentes a uma língua natural de sinal, como a

---

[3] Com propriedades de forma, articulação e vocalização, os cincos parâmetros da Libras são equivalentes aos fonemas e aos morfemas na língua portuguesa, apresentando estruturas sublexicais usadas para criar sinais com significados. São eles: a configuração de mão, ponto de articulação, movimento, orientação e expressões faciocorporais (PINTO, 2012).

Libras, além de proporcionar uma aproximação maior da gramática a uma modalidade visuoespacial; diferentemente da fonética, que estuda, especificamente, os sons produzidos pela fala humana. De acordo com Paulo Chagas de Souza:

> A fonética estuda os aspectos físicos e fisiológicos dos sons linguísticos, isto é, como nós os produzimos, como eles são transmitidos no ar e como nós os percebemos; enquanto a fonologia estuda seus aspectos gramaticais, o que envolve seu papel em cada língua e o conhecimento intuitivo que os falantes têm disso (Souza, 2017, p. 11).

Desse modo, observa-se que a análise fonológica de uma língua de sinais traz relações de sua estrutura gramatical com os elementos constitutivos das palavras em si e dos itens lexicais, os quais se organizam a partir de mecanismos morfológicos, sintáticos e semânticos, por meio de sinais. Esses sinais, apesar de apresentarem especificidades, seguem também princípios básicos da gramática em geral. Em particular, a estrutura sintática de uma língua de sinais como a Libras não segue as mesmas regras da língua portuguesa, mas traz consigo uma compreensão fonológica direcionada aos sinalizadores expressos no idioma. Como esclarece Daniel Neves Pinto:

> Como a fonologia é o nível da linguagem que interage diretamente com os sinalizadores, as diferenças anatômicas, por sua vez, têm o potencial de influenciar a estrutura fonológica da língua entre suas modalidades. Essa diferença é aparente com relação à produção, visto que os articuladores envolvidos na fala e na movimentação das mãos são diferentes: os articuladores, na língua oral, são os lábios, os dentes, a língua, a garganta e a laringe, já os articuladores da Libras são as mãos, os braços, a cabeça, o corpo e a face. (Pinto, 2012, p. 83).

Os sinais existentes na Libras podem ter um espaço menor diante da explicação que a fonologia pode oferecer em relação à língua portuguesa, que é uma língua oral, pois seus sinalizadores de origem são visuais. Entretanto, por essa questão, percebe-se que a língua de sinais pode transmitir múltiplos signos visuais simultaneamente, porque há mãos e braços envolvidos na articulação, por exemplo. Nesse contexto, a fonologia é usada para dar parâmetros semelhantes à estrutura entre uma língua oral e uma língua de sinais. A linguagem oralizada é transmitida por meio de um fluxo único de um sinal acústico, o que reduz as análises ligadas à interação que

CONEXÕES SILENCIOSAS

os sinalizadores possuem. Assim, nota-se que às vezes muitos sinais, em uma língua de sinal, podem oferecer mais representação do mundo real do que signos existentes nas próprias línguas orais, uma vez que objetos do mundo externo tendem a ter associações mais visuais do que auditivas.

1.2.2 Signos Visuais

No estudo da Libras, os sinais icônicos são os que possuem esse tipo de representação: gestos realizados com intuito de reproduzir ou fazer alusão a uma imagem semelhante à do seu referente. Em outras palavras, são sinais que se assemelham a um objeto representado. Segundo Peirce (1990): "Um ícone é um signo que possuiria o caráter que o torna significante, mesmo que seu objeto não existisse, tal como um risco feito a lápis representando uma linha geométrica" (Peirce, 1990, p. 74).

Desse modo, seja na Libras ou em qualquer outra língua de sinais, os movimentos realizados durante uma conversa apresentam sinais que são signos que, por sua vez, possuem significados individuais em representação de uma palavra, de uma frase ou de uma expressão. Esses sinais, convencionados, servem de mediadores entre o objeto real (o que está sendo representado) e uma mente interpretadora (a pessoa que interpreta o significado). Santaella (1983) esclarece essa questão de signo da seguinte forma:

> O signo é uma coisa que representa uma outra coisa: seu objeto. Ele só pode funcionar como signo se carregar esse poder de representar, substituir uma outra coisa diferente dele [...]. O signo só pode representar seu objeto para um intérprete, e porque representa seu objeto, produz na mente desse intérprete alguma coisa (Santaella, 1983, p. 58).

A autora explica ainda que palavras e desenhos podem representar algo, mas não serão necessariamente aquele algo. No caso de um sinal em Libras, ele existe para mediar esse entendimento ou até mesmo ser o próprio causador do significado. Por serem visualmente característicos, os sinais icônicos se assemelham, também, com os gestos que os ouvintes estão acostumados a fazer durante uma simples conversa do dia a dia, mesmo sem possuírem o conhecimento linguístico da Libras. Com exemplos claros, tem-se palavras como: Não, Dormir, Bebê. Identificadas, respectivamente, conforme imagens a seguir:

Figura 1 – Sinal de não

Fonte: acervo pessoal

Figura 2 – Sinal de dormir

Fonte: acervo pessoal

Figura 3 – Sinal de bebê

Fonte: acervo pessoal

CONEXÕES SILENCIOSAS

Apesar de estarem em ordem de aparição, esses sinais em Libras não precisariam aparecer assim para serem entendidos. Há algumas outras formas de dizer essas palavras em sinal também, porém, seja por um conhecedor da língua de sinais ou por um leigo, a ideia que os signos supra expressam e as palavras a eles relacionadas são notoriamente percebidas.

Perceber que existem sinais gestuais realizados por ouvintes, similares àqueles sinais utilizados na Libras, é criar laços de aproximação com essa língua, compreendendo que muitos dizeres podem ser entendidos mesmo sem a fluência linguística. Assim, verifica-se que um sinal icônico tem condições claras de substituir as palavras e expressões faladas por um ouvinte, de modo que o próprio oralizador pode deixar de pronunciar verbalmente uma palavra trocando-a por um sinal, e mesmo assim se fará entendido. Também é importante notar que, da mesma forma que os ouvintes não possuem a verdadeira ciência do simbolismo sonoro que existe em algumas palavras, o surdo, que é um falante da língua de sinais, pode não conhecer as origens icônicas dos gestos que realiza. E apesar de serem sinais conhecidos em várias partes do mundo, não são considerados universais, mas acabam por transmitir o que estamos habituados a conhecer. Ou seja, retomamos a ideia de que mesmo um ouvinte que não possui fluência alguma na língua de sinais consiga de alguma forma se expressar e aparentemente se comunicar de forma gestual e não verbal com um surdo, que já tem adquirida essa maneira de falar. Sem contar, é claro, todo o conjunto da linguagem de sinais e da comunicação não verbal existente num diálogo; assim até mesmo com outro ouvinte, que também não seja fluente em Libras, já será possível haver alguma comunicação.

Se, por um lado, nos estudos das línguas de sinais há a presença de sinais icônicos em sua estrutura, que possibilitam maior entendimento de significados, por outro se tem gestos que não trazem similaridade entre os objetos representados e suas características próprias, apresentando um vínculo meramente convencionado. "A noção de arbitrariedade está baseada no princípio da convenção: não há nada no som da palavra que se relacione, de forma necessária, à coisa que ela designa." (Wilson; Martelotta, 2011, p. 71).

Como dito anteriormente, mesmo que todo e qualquer sinal linguístico tenha um motivo e significado para ser realizado dessa ou daquela maneira, não necessariamente os falantes dessa língua sinalizada saberão o porquê de seu significado, assim como é para os ouvintes em relação aos sons das palavras ditas. Porém, de todo modo, há sinais que não possuem similaridades claras com os objetos representados e, portanto, representam o que quer ser comunicado por uma convenção pré-estabelecida, ou seja, possuem um aspecto simbólico mais forte que o icônico, por exemplo.

Dentro dessa arbitrariedade, entende-se que os sinais icônicos possuem estruturas mais sugestivas em relação aos sinais arbitrários, que, por sua vez, fazem uma representação menos semelhante com o objeto representado, de maneira a se fazer necessário o conhecimento da Libras em si, para identificar tais signos no momento de suas realizações. Como elucida Pinto (2018):

> Será preciso um pouco mais de conhecimento da Língua de Sinais para conhecê-los e desenvolvê-los. São sinais sem regras e não possuem formas convencionais. Na verdade, um leigo verá o sinal e não entenderá nada do que está sendo dito (Pinto, 2012, p. 67).

Por não serem visualmente característicos, os sinais arbitrários também não se assemelham com gestos que normalmente ouvintes sinalizam durante uma conversa, o que pode dificultar, nesse caso, ainda mais o entendimento. Com exemplos claros, tem-se palavras como: Computador, Treinar, Fome. Identificadas, respectivamente, conforme imagens a seguir:

Figura 4 – Sinal de computador

Fonte: acervo pessoal

Figura 5 – Sinal de treinar

Fonte: acervo pessoal

Figura 6 – Sinal de fome

Fonte: acervo pessoal

    Por isso a fonologia é tão importante dentro do estudo das línguas de sinais, pois ela intensifica a legitimidade e autenticidade que a Libras tem, principalmente quanto a ter sua estrutura própria.

    Brito (2010) explica que constantemente as línguas de sinais recorrem à iconicidade, e que por diversas vezes essa mesma iconicidade é o que garante o sentido de certos sinais e expressões. Contudo, para a linguista, os sinais icônicos dentro da Libras vão aos poucos se tornando arbitrários com o decorrer de seu uso. Assim, como em qualquer outra língua, a iconicidade vai cedendo lugar à arbitrariedade de um modo gradativo, passando de sinais com sentidos mais similares aos objetos representados, até seguirem sentidos menos icônicos. Essa questão também evidencia quão estruturadas ambas as línguas, português e de sinal, são e têm em comum, deixando mais claro que a Libras é um idioma completo, assim como qualquer outro.

No entanto, mesmo que a Libras apresente em grande parte de sua estrutura sinais icônicos e arbitrários, sabe-se que há aqueles que possuem representações específicas e que acabam tendo um pouco dos dois formatos, os sinais Soletrados. Para compreender a necessidade desses tipos de sinais e a importância em suas utilizações, é preciso contextualizar a presença da linguagem visual.

1.2.3 A linguagem visual

Para Gibson (1950), temos em nosso cotidiano duas perspectivas diferentes sobre a vivência visual: o mundo visual e o campo visual. De um lado está um mundo que é material e imensurável, que está ao nosso redor e onde estamos inseridos. Por outro lado, há o que é visível para cada indivíduo, que determina o começo e o fim de um campo de visão. Santaella (2001) esclarece esses dois aspectos da seguinte forma:

> Em síntese: o campo visual tem bordas enquanto o mundo visual não as tem. Se você mantiver seus olhos fixos, prestando atenção na periferia do campo visual, você notará que as coisas são visíveis até um ângulo limitado para a direita e esquerda e ainda mais limitado para cima e para baixo. Esse campo é mais ou menos oval. O mundo visual, por seu lado, certamente não é delimitado por uma margem de forma oval. Nele tudo é visivelmente contínuo, um mundo que se estende para trás de nossas cabeças e à frente de nossos olhos. Mas quando tentamos inspecionar esse mundo panorâmico de 360° encontramo-nos sempre dentro dos limites do campo visual (Santaella, 2001, p. 185).

Faz-se importante entender essas concepções dentro das questões visuais, pois é a partir de reflexões como essas que se consegue chegar às formas visuais estruturadas como linguagem. Uma linguagem de certa forma não verbal, como visto anteriormente, em que sinais se propõem a representar algo de um mundo visível, dentro das limitações do que é possível ver. Sendo os sinais da Libras signos linguísticos, temos por meio de palavras e expressões ditas, representações que vão além de uma reprodução. "O signo não representa uma coisa, mas a ideia de uma coisa e, assim, representa a ligação de duas ideias, uma da coisa que representa, outra da coisa representada" (Santaella, 2001, p. 186).

Quando um signo produz uma associação de ideias, ele se torna um símbolo. Os sinais que são soletrados, mediante representações das letras, são símbolos, pois referem-se aos seus objetos em virtude de uma convenção, ou, melhor dizendo, de uma lei. Todo o conjunto desses sinais linguísticos muitas vezes será reconhecido para um determinado público sem explicação profunda, de maneira a funcionar como sinais arbitrários. Entretanto, para Santaella (1983):

> É evidente também que o símbolo, como lei geral, abstrata, para se manifestar precisa de réplicas, ocorrências singulares. Desse modo, cada palavra escrita ou falada é uma ocorrência através da qual a lei se manifesta (Santaella, 1983, p. 68).

Assim, na Língua Brasileira de Sinais, o que seria de um sinal soletrado, como, por exemplo, o *Oi*, sem seu caráter icônico, ou seja, sem seu diagrama sintático ou sua estrutura morfológica? É justamente esse caráter do signo que nos leva a compreendê-lo. As características presentes nas letras sinalizadas, e também em seus conjuntos, dão poder para que esses símbolos funcionem como signos, justamente pelo fato de que eles passam a ser condutores de uma lei de representação.

Na semiótica, ciência que estuda os processos sígnicos, os termos representação e linguagem são tratados, muitas vezes, como equivalentes. De certo modo, quando pensamos em algo visual, uma imagem e o porquê de sua existência, refletimos que nela sempre haverá questões de linguagens e de representações. A busca por semelhança do objeto dinâmico (o objeto em si que se deseja representar) é o que possibilita interpretações do mundo visível. Esses aspectos particulares de uma linguagem e de suas representações geram uma ação, um processo de interpretar as coisas. Por isso, envolver a semiótica nos estudos da língua de sinal se faz necessário. Porque ela é a ciência da interpretação das coisas, e sua contribuição para uma análise mais ampla acerca dos sinais linguísticos, suas significações e, principalmente, suas respectivas realizações, é fundamental.

Retomando o signo Oi, como exemplo, tem-se um sinal em Libras que é realizado de forma soletrada. Numa análise semiótica, entendendo que o sinal linguístico Oi não é somente um signo, mas todo um processo, percebe-se que sua execução traz muito mais que uma simples representação. Os sinais soletrados na Libras, como dito anteriormente, apresentam certa arbitrariedade e iconicidade, e isso também está relacionado com sua própria gramática. Da mesma forma que não é possível separar a gramática de uma língua oralizada de si própria, não há como desenvolver a utilização da Libras sem aplicar a sua própria gramática. Saber se comunicar por meio da Língua Brasileira de Sinais não é saber necessariamente sua gramática, mas conhecer esse recurso é conhecer as normas desse idioma visuoespacial, compreendendo a linguagem visual presente em seu processo. Tal compreensão está estreitamente relacionada ao alfabeto gestual. Um único sinal pode representar uma palavra, uma expressão ou toda uma oração, mas muitas outras são transmitidas mediante poucas letras, que possuem o poder de abreviar ou de reproduzir direta e indiretamente diversas frases. Às vezes sendo palavras sinalizadas literalmente de forma escrita.

É importante destacar que um sinal soletrado não é a mesma coisa que datilologia, que é um sistema de representação das letras dos alfabetos das línguas orais, que utiliza as mãos como escrita para soletrar uma palavra que ainda não se conhece o sinal, uma vez que esse sistema pode funcionar com qualquer palavra, enquanto o sinal soletrado já é o próprio sinal da palavra que se deseja representar. Assim, um sinal soletrado nada mais é do que um sinal linguístico realizado com letras do alfabeto. Para facilitar o entendimento, pode-se explicar a execução do sinal Oi. Em Libras ele é dito com uma única mão, geralmente com a direita. Inicia-se com o sinal da letra "O" (indicador, dedo médio, anelar e mindinho curvados em direção ao polegar, criando um formato de círculo com a mão), com o braço curvado para a esquerda, realizando o movimento de baixo para cima e para a direita fazendo um meio círculo. Nesse processo, no meio do movimento, faz-se o sinal da leta "I" (mão fechada com apenas o dedo mindinho erguido) até chegar ao lado direito do corpo, como ilustrado na figura a seguir (Figura 7):

Figura 7 – Saudação em Libras

Fonte: Blog Carol Lima[4]

Carregado de signos, toda essa execução traz um conjunto do sinal; em outras palavras, um símbolo. Como mencionado, o símbolo se constituiu como tal, pois produziu uma associação de ideias e essa associação dá sentido a esses sinais linguísticos, enriquecendo ainda mais os aspectos da linguagem visual existente.

É necessário compreender, também, que isoladamente as letras manuais presentes no alfabeto da língua de sinal representarão uma letra específica, e, às vezes, com caráter arbitrário ou icônico. A exemplo das letras A, P e O, L respectivamente:

Figura 8 – Letra A em Libras

Fonte: acervo pessoal

---

[4] Disponível em: http://carol-n-lima.blogspot.com/p/libras.html. Acesso em: 20 jun. 2023.

Figura 9 – Letra P em Libras

Fonte: acervo pessoal

Figura 10 – Letra O em Libras

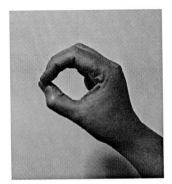

Fonte: acervo pessoal

Figura 11 – Letra L em Libras

Fonte: acervo pessoal

É notório como as duas últimas letras possuem uma semelhança muito maior com o seu objeto dinâmico do que as duas primeiras. Assim, sua iconicidade traz uma associação de ideias muito maior até para quem não tem aquisição do idioma. Isto é, enquanto as letras "A" e "P" representadas por meio da língua de sinais não possuem semelhança de formato com elas quando são escritas, as letras "O" e "L", quando sinalizadas, apresentam formatos mais semelhantes com as das suas escritas.

Apesar de toda essa complexidade, em particular dos sinais soletrados e letras manuais, vale refletir também que haverá uma linguagem verbal dentro do universo linguístico da Libras. A intensão das letras sinalizadas é a de representar uma palavra, de formá-la e de criar sentenças verbais, assim percebe-se que há uma linguagem verbal inserida na comunicação visual da língua de sinais. De acordo com Rosemeri Bernieri de Souza, "Esse adjetivo tem origem no latim "verbale", proveniente de "verbu", que quer dizer palavra. Linguagem verbal é, portanto, aquela que utiliza palavras – o signo linguístico" (2018, p. 5).

Para muitos, linguagem verbal é aquela expressa por meio de palavras escritas ou faladas. Contudo, ao pensar em uma língua de sinais se faz necessário compreender que há palavras escritas que são sinalizadas. Portanto, não escritas convencionalmente em papel ou em algum material que manterá as palavras registradas, mas sim escritas em sinais visuais que serão realizados para representar um verbo, uma palavra. Decerto, a exigência de um conhecimento prévio dos códigos linguísticos impressos nos gestos será imprescindível, mas menos relevante quando se tratar da iconicidade existente na sinalização.

No estudo da Libras, entender os sinais icônicos, arbitrários e soletrados e suas funcionalidades traz luz às possibilidades comunicacionais que uma língua de sinal proporciona. Ao mesmo tempo que as compreensões da língua gestual começam a facilitar seu entendimento, por outro lado, sua estrutura sígnica evidencia uma complexidade ainda mais profunda. Há, como dito anteriormente, uma linguagem não verbal, porém há também uma linguagem verbal na comunicação realizada por sinais linguísticos. Toda essa comunicação, todas essas estruturas e linguagens presentes nessa língua visuoespacial pertencerão a uma linguagem ainda maior, que é a visual. Seja mediante sinais gestuais ou soletrados, quem os vê precisará transformar a informação visual em informação linguística para reconhecer as estruturas sintáticas e o conteúdo semântico do que está sendo transmitido e/ou escrito, a partir de um processamento linguístico. Segundo o psicolinguista Márcio Leitão:

> Em ambos os processos, seja via oralidade, seja via escrita, o que se está colocando em funcionamento são as habilidades cognitivas relacionadas à linguagem. Esse processo de compreender e produzir linguagem verbal em nosso cotidiano, que parece extremamente simples, é na verdade algo complexo e que requer um conjunto de procedimentos mentais denominado de *processamento linguístico* (Leitão, 2011, p. 221).

A compreensão e a produção de linguagens estão relacionadas a uma sociedade, a qual necessita se comunicar, e apenas consegue fazê-la por meio da existência dessas linguagens. A linguagem visual, em seu campo de pertencimento, possibilita um entendimento amplo na comunicação entre indivíduos, que ao se apropriarem de elementos visuais criam interações mais compreensivas pelos meios que veem. Entretanto, é essencial que haja diferenciação entre língua e linguagem enquanto meios adversos de transmissão de informação, até porque apesar de estarem interpostas e coexistentes em uma comunicação, não são a mesma coisa. De todo modo, haverá sempre uma linha tênue no controle comunicacional do ser humano tanto na produção quanto na compreensão da linguagem. Como dito pelo filósofo Martin Heidegger, "O homem se comporta como se fosse o criador e o mestre da linguagem, enquanto é esta que o governa" (Heidegger, 1996, p. 172).

CAPÍTULO 2

AS CONEXÕES COMUNICACIONAIS DA LIBRAS: A LÍNGUA DE SINAIS COMO MEIO LEGAL, SOCIAL E DE VÍNCULOS

2.1 Presença social

Como já mencionado no primeiro capítulo, a Língua Brasileira de Sinais é falada dentro do Brasil, sendo ela um idioma. Por sua vez, entende-se que um idioma é utilizado para identificar uma nação, que se relaciona à existência de um Estado Político ou grupo específico. Portanto, seja qual língua for, para que ela seja reconhecida como idioma, deverá ter uma estrutura normativa e acima de tudo um amparo legal.

Posteriormente neste trabalho, será salientada uma análise documental sobre leis e decretos da legislação brasileira no que diz respeito à língua de sinais, evidenciando os aspectos sociais e seus elementos constitutivos de comunidade e sua utilização e presença social.

Ao valorizar a existência da Libras, garantindo seu espaço legalmente, busca-se apresentar as questões de pertencimento, identidades e vínculos envolvidos na construção social da Língua Brasileira de Sinais, relacionando-a não apenas aos indivíduos que a têm como primeira língua, mas a todos os participantes desse grupo, entre eles, surdos e ouvintes, que utilizam a Libras como processo interacional.

2.1.1 Um meio de comunicação legal

Língua Brasileira, como o próprio nome já diz. Assim é a Libras, reconhecida como um meio de comunicação legal e tida como língua oficial no Brasil. Mais adiante aprofundaremos a linha de visão dessas afirmações, mas antes faz-se necessário compreender que a existência dessa língua é de extrema importância para seus falantes natos (surdos), tanto para as suas relações interpessoais com indivíduos do mesmo grupo como para com ouvintes que desejam interagir com eles.

Decerto, a relação que um surdo tem com a língua de sinais, quando utilizada dentro da sua comunidade de fala, é diferente quando usada para se comunicar com indivíduos de fora dela. Contudo, da mesma forma que há uma conexão existente entre qualquer língua oral e seu respectivo falante, há uma relação profunda entre uma língua sinalizada e o sujeito que necessita dela para se comunicar.

Como parte de um sistema internacional, a língua por si só apresenta estreita relação com seu falante e com a sociedade em que este está inserido. Sobre isso, Silva e Sousa (2017) citam que:

> A língua não se realiza num vácuo social. Ela não existe fora da sociedade, da mesma forma que a sociedade não existe sem ela. A relação entre língua e sociedade não é uma relação em que uma determina a outra, mas de interação entre elas, em que uma se refrata na outra, num sistema de influências (Silva; Sousa, 2017, p. 263).

Assim, entende-se que a língua e a sociedade estão intrinsecamente ligadas, havendo uma influência mútua entre suas existências, de modo que não há como estudar ambas separadamente, já que uma se ampara na outra. Como Oliveira (2017, p. 5) menciona, "a língua é construída ininterruptamente pela coletividade". Ou seja, uma língua não existe sozinha, ela existe porque um grupo de pessoas a utiliza. Por isso, Silva e Sousa (2017, p. 266) também afirmam que "a língua não pode ser analisada como um sistema formal isolado de significações socioculturais".

Portanto, ao analisar uma língua em seu caráter prático de uso, temos que analisar também seu caráter legal, ainda mais quando se trata de uma língua de sinais. No caso da Libras, ela está inserida em uma comunidade de fala bem específica, a comunidade surda. Que, por sua vez, está inserida em uma comunidade maior, a dos brasileiros.

Mesmo que este trabalho tenha como objeto a Libras praticada entre ouvintes, não há como citá-la separadamente dos surdos, até porque é por conta deles que a língua de sinais existe. Porém, a importância dada a ela vai além do caráter comunicacional. Há uma questão social, cultural e acima de tudo legal em relação à sua existência. De modo a ter uma significação ainda maior, até mesmo para os ouvintes, que estão sob a mesma legislação.

Atualmente, houve na Lei n.º 10.098 do ano 2000, sancionada pela Presidência da República,[5] a inclusão de uma alteração (Lei n.º 13.146 de 2015) significativa para a Língua Brasileira de Sinais e todo seu histórico. Sua referência deixa clara a questão comunicacional dessa língua de sinais. De acordo com o artigo 2.º, parágrafo IX: "Comunicação: forma de interação dos cidadãos que abrange, entre outras opções, as línguas, inclusive a Língua Brasileira de Sinais (Libras)" (Brasil, 2000, on-line).[6]

Na mesma lei, há também referências à obrigatoriedade a serviços e empresas de radiodifusão sonora, de som e de imagens, de garantirem o acesso das pessoas com deficiência auditiva à informação, implantando o uso da língua de sinais e outras subtitulações, como rege o Art. 19. Para os órgãos públicos, há a implantação de formação de profissionais intérpretes de Libras, com o objetivo de garantir, dentro desses espaços, uma maior acessibilidade à comunicação com os usuários que a utilizem, o que também consta no Art. 18.

Entretanto, na Lei em questão, a denominação ao se referir à Libras ainda era "linguagem de sinais". Ao contrário do que muitos dizem, a Libras em si não é uma linguagem. Aliás, a ela não se pode referir-se legalmente assim. Tratando-se de uma sigla, o "LI" significa língua e não linguagem. Apesar de já termos detalhado no capítulo anterior a questão comunicacional divergente entre língua e linguagem e todos os aspectos de sinais presentes na comunicação visual, é importante frisar que, tanto em seu significado literal quanto em sua estrutura linguística e representatividade social, não se pode chamar Libras, individualmente, de linguagem de sinais.

De todo modo, vale ressaltar a importância social que a Libras começa a ter logo no início da década de 2000, pois seus usuários passam a ter garantidos alguns direitos. Contudo, foi em 2002 que de fato essa língua reafirmou sua importância, estabelecendo certas normas legais. De caráter único e exclusivo à Língua Brasileira de Sinais, a criação da Lei n.º 10.436, de 24 de abril de 2002, de autoria da senadora Benedita da Silva (PT/RJ), foi decretada e sancionada.

Nesse momento, a Libras é reconhecida como meio legal de comunicação e de expressão de um grupo brasileiro, a comunidade surda. A sua utilização passa a ser firmada como um sistema linguístico brasileiro completo, que não substitui a modalidade escrita da língua portuguesa, mas que exige:

---

[5] Na ocasião, era Fernando Henrique Cardoso. Brasília, 19 de dezembro de 2000; 179.º da Independência e 112.º da República.

[6] Disponível em: http://www.planalto.gov.br/ccivil_03/leis/l10098.htm. Acesso em: 23 fev. 2023.

> Por parte do poder público em geral e empresas concessioná-rias de serviços públicos, formas institucionalizadas de apoiar o uso e difusão da Língua Brasileira de Sinais – Libras como meio de comunicação objetiva e de utilização corrente das comunidades surdas do Brasil (*BrasilOnline*, 2002, Art. 2).

Em tal ponto, não apenas a formação de profissionais intérpretes de Libras, como também a presença destes em hospitais e demais locais públicos de atendimentos essenciais torna-se obrigatória, assim como a inclusão da língua de sinais nos Parâmetros Curriculares Nacionais (PCNs) no ensino superior em cursos de fonoaudiologia, pedagogia e letras. E ainda que até nos dias de hoje não possamos afirmar que a lei seja inteiramente cumprida, presenciou-se uma maior inserção do assunto dentro da sociedade brasileira, de que também fazem parte os surdos.

Em 2005 entra em vigor o Decreto n.º 5.626, que regulamenta a Lei n.º 10.436 e o Art. 18 da Lei n.º 10.098, dispondo diretamente sobre a Língua Brasileira de Sinais. Além da obrigatoriedade da oferta da disciplina em alguns cursos de formação superior já mencionados, dá-se a abertura curricular optativa para todos os outros cursos desse mesmo nível na área da educação, como regido no Art. 3, parágrafo 2. O uso e a difusão da Língua Brasileira de Sinais e sua relação com a língua portuguesa para o acesso das pessoas surdas à educação são pontos abordados e evidenciados no decreto, trazendo a importância social, comunicacional e educacional desse idioma.

Além da ênfase do reconhecimento linguístico e social presente na legislação, há a legitimidade de uma cultura que está presente no âmbito da educação. A apresentação de um currículo escolar destinado a um público particular de indivíduos também deu sentido de valorização aos envolvidos no contexto educativo, sendo eles docentes ouvintes ou surdos. A partir disso, a formação desses profissionais proporcionou novos aspectos pedagógicos a nível nacional, sobretudo aos próprios surdos.

Segundo Cunha Junior (2022, p. 86):

> Essa concepção de formação de docentes constitui-se em nova carapaça pedagógica porque, embora tenhamos o decreto 5.626 de 2005 que oficializa a Lei 10.436 de 2002 e trata da importância da Libras como disciplina no curso de formação de licenciatura, entendemos que é preciso aumentar ainda mais a disponibilidade de cursos de formação de Letras: Libras ou em Letras: Libras/Língua Portuguesa como um passo necessário e oportuno para expansão das garantias individuais dos Surdos.

As menções legais destinadas ao detalhamento do uso da Libras no âmbito educacional também trazem sentido à sua importância social, pois fornecem à sociedade condições de contato direto com o idioma. O decreto também enfatiza a relevância social do profissional intérprete de Libras e lhe dá estrutura para sua plena atividade regular no país. O papel do poder público para a garantia dos direitos das pessoas com deficiência auditiva também é exaltado, possibilitando uma valorização de todas essas questões envolvidas com a língua de sinais, seus usuários e a comunidade onde vivem.

Ao retornar à questão linguística, o decreto de 2005 também deixa claro que a língua portuguesa é a segunda língua para os surdos brasileiros: "O ensino da modalidade escrita da Língua Portuguesa, como segunda língua para pessoas surdas, deve ser incluído como disciplina curricular nos cursos de formação de professores" (Brasil, 2005, Art. 13), e ainda procura garantir o atendimento educacional especializado oferecido por instituições federais, que devem, de acordo com o artigo 14, parágrafo 1.º:

> I – Promover cursos de formação de professores para: c) o ensino da Língua Portuguesa, como segunda língua para pessoas surdas; II – ofertar, obrigatoriamente, desde a educação infantil, o ensino da Libras e também da Língua Portuguesa, como segunda língua para alunos surdos (Brasil, 2005, on-line).[7]

Porém, apesar de todas as colocações voltadas para a afirmação da língua portuguesa como segunda língua para os surdos, não há citação de que a Libras seja a segunda língua para os ouvintes falantes do português. Ou seja, como há um decreto que regulamenta uma lei que, por sua vez, oficializa a língua de sinais como meio legal de comunicação, pode-se dizer que a Libras é um idioma oficial assim como o português (e não um segundo idioma do país).

Certamente, há aqueles que não entenderão a afirmação supra, talvez por desconhecimento ou por ter outra visão sobre essas leis. Sejam surdos ou ouvintes, existem os entusiastas que defendem a Libras como sendo oficial e aqueles que reivindicam ainda mais um reconhecimento social. Entretanto, a hermenêutica jurídica nos possibilita defender esta ou aquela ótica.

---

[7] Disponível em: http://www.planalto.gov.br/ccivil_03/_ato2004-2006/2005/decreto/d5626.htm. Acesso em: 28 fev. 2023.

Segundo René Dellagnezze (2019), entende-se como hermenêutica jurídica:

> Ramo da Teoria Geral do Direito, destinado ao estudo e ao desenvolvimento dos métodos e princípios da atividade de interpretação [...] A Hermenêutica Jurídica tem por objeto o estudo e a sistematização dos processos aplicáveis para determinar o sentido e o alcance das expressões do Direito (Dellagnezze, 2019 p. 1, on-line).[8]

O jurista esclarece ainda que, para dar entendimento às expressões e aos textos jurídico-normativos, o direito precisa possuir um sistema jurídico interpretativo- argumentativo, que permitirá dar sentido e valor às normas e às leis existentes.

Nessa linha de pensamento, para o poder judiciário e para efeitos de legalidade e de cumprimentos da legislação, quando há mais de uma interpretação na lei, todas as outras passam a ser consideradas válidas, desde que não haja evidências de inconstitucionalidade.

De acordo com Rogério Tadeu Romano (2020), procurador regional da República aposentado:

> O princípio da interpretação das leis em conformidade com a Constituição é, como alertou J.J. Gomes Canotilho (Direito Constitucional e Teoria da Constituição, 4ª edição, pág. 1189), fundamentalmente um princípio de controle e ganha relevância autônoma quando a utilização dos vários elementos interpretativos não permite a obtenção de um sentido inequívoco dentro de vários significados da norma. Para J. J. Gomes Canotilho (obra citada), essa formulação comporta várias dimensões: a) o princípio da prevalência da Constituição impõe que, dentre as várias possibilidades de interpretação, só se deve escolher-se uma interpretação não contrária ao texto e programas da norma ou normas constitucionais; b) o princípio da conservação de normas afirma que uma norma não deve ser declarada inconstitucional quando, observados os fins da norma, ela pode ser interpretada em conformidade com a Constituição; c) o princípio da exclusão da interpretação conforme a Constituição, mas "contra legem" impõe que o aplicador de uma norma não pode contrariar a letra e o sentido dessa norma através de uma intepretação conforme a

---

[8] Disponível em: https://jus.com.br/artigos/72774/a-hermeneutica-juridica-parte-1- sistemas-e-meios-interpretativos. Acesso em: 27 fev. 2023.

> Constituição, mesmo que através desta interpretação consiga uma concordância entre a norma infraconstitucional e as normas constitucionais. Assim, quando estiverem em causa duas ou mais interpretações – todas essas em conformidade com a Constituição – deverá procurar-se a interpretação considerada como melhor orientada para a Constituição (Romano, 2020, p. 1, on-line).[9]

Desse modo, defender que a Libras é uma língua oficial ou não, no Brasil, não se trata de uma discussão da inconstitucionalidade da lei, mas sim das próprias interpretações possíveis que a hermenêutica jurídica permite fazer.

Temos então o caso da Lei n.º 10.436, em que legalmente se tem o reconhecimento da Libras perante um grupo de brasileiros, os surdos, como meio legal de comunicação, portanto oficial, interpretando que essa língua para os demais brasileiros também seja. E mesmo que essa ótica difira daquela em que o idioma ainda precise de oficialização, sabe-se que muitos de seus interesses são comuns, sendo certamente o principal deles a busca pela valorização da Libras na sociedade.

Por isso, esse autor defende a oficialidade da Libras na busca pela equidade dela com a língua portuguesa, tanto praticada por surdos quanto por ouvintes. A Língua Brasileira de Sinais precisa de mais destaque e prota-gonismo, pois necessita sim desse espaço. A criação de novas leis e normas, somada à luta de grupos e instituições a favor da Libras, é cada vez maior, e não deve parar. Porém, dar condições atuais, estrutura e fundamentos legais para a existência e utilização dessa língua na sociedade é firmar sua presença em todos os âmbitos, principalmente no comunicacional e no linguístico.

Contudo, apesar de interpretações dúbias e diversas possibilidades de entendimento, as providências impostas pela legislação vigente ajudam a esclarecer a importância da Língua Brasileira de Sinais, mas sobretudo trazem a garantia de sua presença numa sociedade de surdos e de ouvintes.

Por certo, há muitas leis e obrigatoriedades que às vezes não são totalmente cumpridas na prática. Entre diversos fatores, a atribuição da falta de reconhecimento e de entendimento da Libras é um dos mais evi-dentes. Mais adiante refletiremos essas questões, no entanto antes se faz necessário esclarecer e compreender as conexões que a Língua Brasileira de Sinais permite criar com sua utilização na sociedade.

---

[9] Disponível em: https://jus.com.br/artigos/78902/limites-da-interpretacao-conforme. Acesso em: 2 mar. 2023.

2.1.2 A língua como elemento de interação social

Ao falar de um idioma, de uma língua em específico, a associação feita entre um povo e a cultura em que ele está inserido é inevitável. Não há como deixar de relacionar uma língua com um espaço geográfico, assim como não a relacionar às pessoas que a utilizam dentro deste ou daquele local. Em uma comunidade é possível perceber diversos fatores comunicacionais em comum entre seus membros, sendo muitas vezes a língua o principal deles. Segundo Souza e Nascimento (2020):

> Conceitua-se língua como um sistema linguístico empregado por uma determinada comunidade para a comunicação entre seus membros. Os membros desta comunidade conhecem as regras e os elementos que formam o sistema anteriormente mencionado, e mediante estes recursos finitos que possuem, é possível criar uma enorme quantidade de mensagens (Souza; Nascimento, 2020, p. 109).

Como visto anteriormente, cada país possui uma língua de sinais, baseada sempre em uma língua oral já existente, embora seja sabido que cada língua tem sua autonomia cultural. Aparentemente, relacionar uma língua de sinal com os habitantes de um país seria algo prático e lógico, mesmo a estrutura gramatical não sendo a mesma, ela foi desenvolvida a partir do idioma oralizado pelas pessoas que vivem no mesmo território. Entretanto, toda a estrutura desses sinais tem relação mais próxima com as pessoas com deficiências auditivas e surdas. A retomada proposital desses dois termos impostos na mesma frase pode muitas vezes parecer redundante ou desnecessária; porém, para entender o específico grupo minoritário que se utiliza da língua de sinais, tem-se que compreender sua estrutura interna.

Como exposto no texto anterior, o decreto (n.º 5.626) dispõe sobre as particularidades da Libras, sendo um de seus principais pontos o esclarecimento dos termos "surdo" e "deficiente auditivo", em que se utiliza da manifestação cultural e de dados científicos[10] para diferenciar os dois conceitos. Há também, em diversas citações do decreto, menções confusas que demonstram que o indivíduo surdo é um e o com deficiência auditiva é outro, muitas vezes enfatizando que a norma serve para aquele "ou" este sujeito. "Da garantia do direito à educação das pessoas surdas ou com deficiência auditiva" (Decreto n.º 5.626, Capítulo VI).

---

[10] Considera-se deficiência auditiva a perda bilateral, parcial ou total, de 41 decibéis (dB) ou mais, aferida por audiograma nas frequências de 500Hz, 1.000Hz, 2.000Hz e 3.000Hz. (Brasil, 2005, Art. 2.º, Parágrafo único, on-line).

CONEXÕES SILENCIOSAS

De fato, há uma diferenciação contextual. Em resumo, surdo é o indivíduo que nasceu sem audição e a pessoa com deficiência auditiva é aquela que nasceu ouvinte, mas depois perdeu a audição.

Em outras palavras, ambos os indivíduos, na maioria das vezes, têm a língua de sinais como um meio de comunicação, entretanto, devido à aquisição linguística, o surdo a tem como uma língua natural enquanto a pessoa com deficiência auditiva a tem como uma alternativa linguística, pois muitas vezes já possui o idioma oralizado como processo comunicativo. Assim, pode-se dizer que, por vezes, pessoas com deficiência auditiva têm mais proximidade com as pessoas ouvintes do que com os surdos. Isso também permite entender que certos costumes sociais tendem a ser distintos entre quem não tem audição e quem tem ou já teve.

Portanto, haverá em certos casos a presença de culturas diferentes dentro dessa parcela da população, em que se evidencia a presença da língua de sinais como língua natural para uns, mas também que possui a língua oral como a principal para outros.

Apesar de não serem vistos assim na sociedade, mesmo mediante a explanação por meio de leis e decretos, os termos "língua natural", "primeira língua" e "segunda língua" devem ser levados em consideração, entre outras questões, até mesmo para compreendermos a fator cultural divergente entre os grupos falantes. Emmanuelle Laborit (1994), escritora surda, esclarece:

> Utilizo a língua dos ouvintes, minha segunda língua, para expressar minha certeza absoluta de que a Língua de Sinais é nossa primeira Língua, aquela que nos permite sermos seres humanos comunicadores. Para dizer, também, que nada deve ser recusado aos surdos, que todas as linguagens podem ser utilizadas, a fim de se ter acesso à vida (Laborit, 1994, p. 9).

Decerto, a aquisição do idioma é um fator importante que distancia esses tipos de cultura, porém não é o único. Existem várias formas de expressão e entendimento do conceito de cultura, muitos delas indicando o que ela é por si só. Porém, levaremos em consideração a cultura como percepção de identidade de um grupo que tem a língua como principal elemento de interação social, e que nesse caso se envolvem os surdos (que têm a língua de sinais como sua primeira língua) e demais indivíduos pertencentes à comunidade surda (que não têm a Libras como primeira língua).

Coelho e Mesquisa (2013) afirmam que "Perceberemos que língua, cultura e identidade são conceitos intrinsecamente ligados, uma vez que é por meio da língua que a cultura se constitui e é difundida e é também por meio dela que ocorrem os processos de identificação" (Coelho; Mesquita, 2013, p. 25).

Desse modo, ao dar uma definição de que há uma cultura surda, leva-se em consideração a questão linguística, mas não apenas ela. Entender que há uma separação entre o grupo de ouvintes (que não possui aquisição da Libras) e o grupo de surdos e/ou pessoas com deficiência auditiva (que possuem aquisição da Libras) já é constatar que há identidades distintas entre esses indivíduos, pois não partilham de uma mesma língua, nem dos mesmos comportamentos sociais. Entretanto, pensar que há aqueles ouvintes que possuem aquisição de Libras e a utilizam em seu processo interacional devido aos seus vínculos sociais é entender que há, por outro lado, uma identificação destes com a comunidade surda.

É claro que as vivências dos indivíduos surdos e suas questões culturais abrem uma ampla reflexão sobre as identidades de sua comunidade, ainda mais quando incorporadas a processos históricos, sociais e interacionais. Como dito por Cunha Junior (2022, p. 377), "as identidades são criadas e recriadas nas interações entre pessoas à medida que o repertório vai agregando conhecimento de vida e percepções de mundo". Contudo, atentaremos a reflexão à diversidade cultural-linguística presente em uma comunidade em que vivem ouvintes e surdos, na qual ambos os indivíduos se utilizam de uma língua de sinais para interagirem.

Destarte, perpassaremos também o campo da translinguagem – tema esse que será mais bem abordado no Capítulo 3 –, em que há uma agregação de valores sociais, culturais, mas acima de tudo linguísticos, ligados a uma construção social. A doutora em linguística aplicada Aryane S. Nogueira (2020), por meio de seu artigo voltado às práticas translíngues, realizou diversas entrevistas com a comunidade surda chamando a atenção para como esse grupo se identificava com a língua. Os participantes explicavam que "a cultura surda era representada e moldada pela língua de sinais, meio de expressão da voz do surdo e de sua identidade" (Nogueira, 2020, p. 304). De forma bem clara, os integrantes desse grupo levaram reflexões a todos os brasileiros, informando que a língua de sinais era a identidade linguística dos surdos, e que para entender a cultura surda deve-se passar diretamente pela consideração de sua identidade linguística.

Por certo, a identidade linguística não é a única existente para esse grupo, até porque como Cunha Junior ressalta:

> A Identidade Surda não está fora do Indivíduo/Sujeito enquanto consciência de si e, muito menos, na ideia de querer tirar esta identificação dos Indivíduos/Sujeitos Surdos em diferentes formas de representações e concepções sociais de vida. O problema está em desarticulá-la da história de suas reinvindicações e de seu reconhecimento (2022, p. 380).

Assim sendo, entende-se que não existe apenas uma única forma ou identidade surda. Existirá, portanto, múltiplas concepções de identidades de acordo com as histórias de vida, cultura, relações cotidianas e familiares. Há então variações de identidades,[11] porém todas elas de alguma forma conectadas à língua de sinais, pois fica evidente que ela não é apenas um idioma, mas também todo um processo cultural e comunicativo, sendo o principal meio de interação social de seus usuários.

Ao levar em consideração, então, que não são apenas os surdos que utilizam a Libras para se comunicar, pensaremos nos ouvintes ou pessoas com deficiência auditiva (que não tenham a língua de sinais como natural, mas que a adquiriram para poderem interagir em sociedade com os surdos) como indivíduos que se identificam com a comunidade surda, justamente por se sentirem pertencentes a esse grupo, que tem como elemento interacional a Língua Brasileira de Sinais.

Dessa maneira, percebe-se que a língua passa a ser uma construção social fundamental para a formação de identidades e vínculos, pois além de contribuir com a internalização do modo comunicativo, amplia o campo de interação. Assim, nesse grupo de pertencimento, para o indivíduo sentir-se participante, ele tem uma identificação com a língua, mas, sobretudo, com seus praticantes, com sua cultura e com seu espaço social.

Nota-se no documento governamental de orientações técnicas criado pelo Conselho Nacional de Assistência Social (Cnas) em conjunto com o Conselho Nacional dos Direitos da Criança e do Adolescente (Conanda) (2009) essa relevância de pertencimento. "Grupos de pertencimento: Grupos aos quais, ao longo da vida uma pessoa participa (familiares, escolares, profissionais, de amizade) que são fundamentais para a construção da identidade individual e social" (Cnas/Conanda, 2009, p. 109).

Há uma identificação dos usuários da Libras, não especificamente por questões locais ou sociais, mas sim por questões linguísticas. E desse

---

[11] Que são apresentadas em cinco categorias, detalhados na tese *Surdos professores: a constituição de identidades por meio de novas categorias pelo trabalho em territórios educativos* (Cunha Junior, 2022, p. 380-382).

modo, nesse grupo de pertencimento, o idioma também contribui para a construção de identidade do indivíduo e do todo. Subjetividade que Signorini (1998, p. 335) traz da seguinte forma:

> Identidade é uma forma de totalização ou completude do heterogêneo: identidade como permanência no tempo, apesar da multiplicidade de formas; é a unidade dialética do um e do múltiplo, do si mesmo e do outro.

Assim, a língua de sinais pensada como um objeto social possui uma identidade que passa a ter uma representação social em frente a um grupo minoritário que também possui outras identidades. Como Lima e Campos (2015, p. 72) deixam claro, "A situação social na qual um grupo constitui sua identidade com relação a um objeto social específico é o campo desse mesmo objeto".

A representação social que a Libras tem acaba ampliando o espaço de pertencimento dos indivíduos envolvidos nessa identidade linguística, pois por mais que a comunidade surda tenha uma cultura e uma identificação diferente da comunidade ouvinte, todos os indivíduos que falam Libras e se apropriam dela como um processo de interação e comunicação, sejam os surdos, seus familiares, pessoas com deficiência auditiva e até os ouvintes, sentem-se pertencentes a esse grupo social.

Dessa maneira, segundo Cunha Junior (2022, p. 338),

> [...] a construção de língua, linguagem e identidade integram-se e, ao mesmo tempo apresentam desafios no multilinguismo e no multiculturalismo, porque nem sempre apresentam coesões no espaço de relações.

Relações criadas e identificadas, nesse contexto, graças à existência da língua de sinais e à presença comunicacional que ela tem dentro desses espaços sociais.

Nesse cenário, a comunicação por si só não se apresenta como o principal fator vinculativo da Libras, mas sua estrutura relacional diante das interações sim. Como Muniz Sodré (2014, p. 6) esclarece:

> Os seres humanos são comunicantes, não porque falam (atributo consequente ao sistema linguístico), mas porque relacionam ou organizam mediações simbólicas – de modo consciente ou inconsciente – em função de um comum a ser partilhado.

Falar da importância relacional da Língua Brasileira de Sinais, bem como seu poder de interação social, não significa que a comunicação não tenha um papel crucial em sua utilização. Pois como afirmado pela Prof.ª Dr.ª Camila Escudero em aula, "A comunicação são possibilidades" (Escudero, 4 maio 2022), e entre essas possibilidades, percebe-se também uma atribuição ao vínculo comunicacional que a língua de sinais pode conter.

2.1.3 Vínculo comunicacional da Libras

Como visto no primeiro capítulo, a Língua Brasileira de Sinais não é um dialeto – embora apresente seus dialetos por meio de variações linguísticas – ou apenas uma linguagem isolada, ela é uma complexa estrutura linguística que possui uma identidade própria, estando associada, intrinsicamente, à comunidade surda e a todos que a ela pertencem. Mais que uma língua, ela também representa toda uma cultura que, por sua vez, tem um reconhecimento social. Ela conecta os indivíduos que têm em comum a necessidade e/ou o desejo em se relacionar por meio de uma comunicação não verbal, mediante gestos e sinais, em seus mais diversos ambientes de interação. Como Muniz Sodré (2014, p. 189) salienta, a comunicação é "Uma ciência redescritiva do comum humano, que abrange desde o laço intersubjetivo inerente à coesão comunitária até as relações sociais regidas por mídia".

Há uma questão relacional, tanto entre as pessoas que falam a língua de sinais, tanto do indivíduo com o grupo, como também do falante com a própria língua. Um agir comum, de acordo com o autor, que fornece a essa comunicação um auxílio em "organizar ou deixar- se organizar pela dimensão constituinte, intensiva e pré-subjetiva do ordenamento simbólico do mundo" (Sodré, 2014). Decerto, o papel da comunicação por meio da língua de sinais vai muito além da transmissão ou da troca de informações. Aliás, a comunicação por si só já é algo que transcende a simples emissão e recepção de uma mensagem.

Segundo Sodré (2014) a comunicação tem a ver com comunidade, possuindo um papel fundamental na construção de relações entre pessoas que compartilham e comungam tarefas e obrigações em comum, dando à comunidade a atribuição originária que o grupo tem com o indivíduo e que o indivíduo tem com o grupo.

Da mesma forma, tem-se a relação do indivíduo e de seu grupo com a língua utilizada, pois a língua, seja ela qual for, é um fenômeno social dentro de um sistema abstrato de regras convencionadas e aceitas socialmente. E assim, como qualquer outro idioma, a Libras também traz em sua assinatura existencial um produto social tão enraizado em seus usuários que a relação entre ela e os indivíduos inseridos nessa comunidade passa a ser a união de identidades confluentes.

Ao pertencer à comunidade surda, o ouvinte passa a estreitar sua relação com os surdos e partilhar de suas experiências. Certamente, há também um interesse prévio em possuir conhecimentos da língua de sinais, bem como em fazer parte dessa identidade, seja por questões profissionais (na atuação como intérprete, professores especializados etc.), familiares (quando há a presença de pessoas Surdas e/ou com deficiência auditiva) ou sociais (a fim de contribuir com as questões de inclusão e acessibilidade), porém dando a esse indivíduo possibilidades de criar laços interacionais.

Em suma, os ouvintes aprendem a falar a língua de sinais para se comunicarem com surdos, seja por qual motivo for, entretanto ao se aproximarem dessa comunidade falante compartilham uma nova percepção do mundo por meio dos seus aspectos culturais e sociais vividos, pelo processo de aquisição da língua e até pelos aspectos históricos e políticos. Como dito pela psicanalista Christine Revuz, "aprender uma língua é sempre, um pouco, tornar-se um outro" (Revuz, 1998, p. 227).

Toda essa aproximação, toda a relação gerada e mantida a partir de um vínculo comum, a língua de sinais, dá ao agir comum mais sentido aos laços criados dentro da comunidade, sendo a comunicação o principal elo entre as identidades do grupo e a identidade da língua. Desse modo, para compreender a visão funcionalista da comunidade, Sodré (2014) contorna:

> Parece-nos acertado distinguir "comum" de "comunidade", reservando ao primeiro termo o sentido de uma disposição ontológica originária inerente à filogênese e à ontogênese do ser humano [...] A comunidade, por sua vez, não é a atualização institucional desse comum originário, mas algo em que sempre estamos na medida em que sempre nos comunicamos, no interior da distribuição dos lugares e das identificações constitutivas do laço coesivo (Sodré, 2014, p. 208).

Para os ouvintes que ingressam na comunidade surda, o desenvolvimento linguístico será fundamental. Porém, inevitavelmente, esse indivíduo necessitará compreender de fato a cultura surda, fazendo-se pertencente a ela.

Sobre essa estreita relação entre indivíduos, comunidade e língua, Santaella (1983, p. 77) esclarece:

> A língua é uma bateria combinatória, estabelecida por convenção ou pacto coletivo, armazenada no cérebro dos indivíduos falantes de uma dada comunidade. Somente na medida em que nos submetemos a essas regras, podemos nos integrar numa comunidade linguística e social. Nascer, portanto, não é senão chegar e encontrar a língua pronta. E aprender a língua materna não é senão ser obrigado, desde a mais tenra idade, a se inscrever nas estruturas da língua. Pode-se concluir: a língua não está em nós, nós é que estamos na língua.

Logo, a língua, por ser um produto construído por uma comunidade como um conjunto sistêmico de convenções, tem um papel social essencial para o agir em comum, para o relacionar de um indivíduo com o grupo ao qual ele pertence, para criar conexões e vínculos, dando propósito ao ato de se comunicar.

Dentro dessa reflexão sobre comunicação, percebe-se que ela está ligada, ao mesmo tempo, voluntária e involuntariamente à presença de uma língua, que traz como seu principal objeto um vínculo social, advindo de vínculos comunicacionais surgidos nas interações. Vínculo esse que demonstra que a comunidade não é apenas um aglomerado ou junção de pessoas, mas sim um entrelace de atração simbólica, de caráter consciente ou inconsciente. Um *"laço atrativo"*, segundo Sodré (2014), que apresenta uma dimensão precisamente de profundidade, psicanalítica e psicológica, geradora de um vínculo que atravessa os limites do corpo, dos sonhos e do psiquismo do indivíduo. Tudo isso graças à existência de uma língua, que traz um sentido comum de vínculo entre aqueles que a utilizam.

A busca pela interação social dentro desse grupo é algo que vai além do ato comunicativo, contudo, ao mesmo tempo, esse interacionismo social se torna o ponto de partida para um vínculo comunicacional ainda maior.

De acordo com a pesquisadora Márcia Lise Lunardi (2005, p. 17):

> A abordagem do Interacionismo Social, como seu nome já diz, considera os fatores sociais, comunicativos e culturais para a aquisição da linguagem. A interação social e a troca

> comunicativa são entendidas como pré-requisitos, ou seja,
> condições necessárias ao desenvolvimento linguístico.

Nessa perspectiva, a interação social é um meio de convivência que estimulará a aquisição da linguagem que existe dentro do grupo. Voltamos então a lembrar que a Libras é uma língua, mas que faz parte de uma linguagem maior pertencente a um grupo específico, que por sua vez se utiliza de linguagens para possibilitar interações. Segundo Lunardi (2005), para que haja esse interacionismo social é importante que ocorra uma inter-relação entre quem está adquirindo a linguagem com quem já a possui naturalmente. Nesse contexto, é essencial que ocorra uma interação profunda entre o ouvinte para com o surdo.

Na comunidade surda, como mencionado anteriormente, tem-se a língua de sinais como processo cultural, mas, sobretudo, como uma construção social que tem como base as interações entre os indivíduos. Interações que ajudam a gerar vínculos comunicacionais, promovendo o pertencimento que há, não apenas em relação à comunidade, mas como também em relação a toda a linguagem existente nos espaços de interação.

Por mais que já se tenha reforçado essas questões de língua e linguagem de sinais, Lunardi (2005, p. 20) aprofunda a reflexão, deixando claro que apesar da existência de uma língua, haverá ainda um sistema comunicacional mais amplo, pois "a linguagem é um produto da interação social e, como tal, é um sistema de sinais convencionais desenvolvidos, ensinados e aprendidos socialmente".

Dessa maneira, compreende-se que a língua de sinais, por ser inerente a essa linguagem pertencente a todo o processo comunicacional das interações, contribui para a geração dos vínculos. Portanto, garantindo uma proximidade do indivíduo que estava fora do grupo e passou a ingressá-lo. Seu pertencimento é consequência de suas interações sociais e de seu desenvolvimento linguístico.

Dentro da comunidade surda, a Libras é um elemento de interação social entre todos os seus pertencentes, incluindo os ouvintes que dela fazem parte. Seu vínculo comunicacional permite que as relações entre os indivíduos se estreitem, contribuindo com a convivência e o entendimento mútuo, chegando ao ponto de, muitas vezes, o ouvinte se sentir mais próximo dessa comunidade do que da sua própria.

De acordo com Signorini (1998, p. 227):

CONEXÕES SILENCIOSAS

> Quanto melhor se fala uma língua, mais se desenvolve o sentimento de pertencer à cultura, à comunidade acolhida, e mais se experimenta um sentimento de deslocamento em relação à comunidade de origem.

Entretanto, quando a língua de sinais é utilizada fora ou para fora da comunidade surda, há diversas barreiras existentes. Dificuldades que não se limitam apenas ao fator comunicacional. Sejam pelas questões culturais, sociais ou interacionais, é necessário entender que, apesar de ter seu uso garantido por lei, a Libras ainda encontra adversidades na sociedade.

2.2 Re(conhecimento) da Libras

A importância em entender conceitos é, muitas vezes, mais relevante do que aplicá-los. Conhecer corretamente as concepções geradoras de termos e expressões utilizadas no universo da Libras, por exemplo, é dar oportunidade para esclarecimentos ocultos dentro de uma sociedade desinformada. A falta de acesso à informação bem como a ausência de inclusão tornaram-se fatores enraizados em discussões acadêmicas e sociais, levando-os em certos aspectos a uma subjetividade cíclica que não avança em resultados práticos, circulando a discussão apenas entre os grupos de debate.

O intuito de mostrar quanto uma sociedade presa às mesmas informações é desinformada a ponto de não compreender certos conceitos é o de propor como o conhecimento equivocado pode prejudicar o reconhecimento de um grupo, ou até mesmo de uma língua.

Exploraremos a falta de entendimento sobre assuntos ligados à língua de sinal e o respectivo desinteresse da população em querer conhecer mais sobre o assunto e a cultura social que persiste em tratar a Libras como algo distante de um aprendizado natural.

2.2.1 Uma sociedade desinformada

Hoje em dia, nos principais discursos sociais, é comum ouvir a expressão "Inclusão". Porém, mais comum ainda é ver como esse termo é erroneamente utilizado, seja em qualquer âmbito, social, educacional, cultural e assim por diante. O conceito de inclusão vem sendo amplamente discutido, trazendo diversas interpretações e diferentes teorias, que informam e desinformam toda uma sociedade.

Para compreendê-lo é necessário entender, para entender se faz indispensável colher informações autênticas sobre o assunto. Portanto, não basta apenas reproduzir o que se ouve, ou o que se lê, precisa-se fazer um aprofundamento nas discussões e praticar o conhecimento adquirido. No caso da inclusão, não é ficar preso a termos específicos, mas sim compreender os conceitos e a concepção do todo.

Quando se fala da Língua Brasileira de Sinais, por exemplo, pode-se pensar inicialmente na inclusão comunicacional, e até na inclusão educacional. Contudo, somente saber onde se encaixa o discurso da inclusão não levará certezas às pessoas que buscam tais informações; porém, ter consciência da importância do determinado assunto, sua relevância na sociedade e seu espaço de discussão, sim. Camargo (2017, p. 1) sintetiza:

> Inclusão, portanto, é uma prática social que se aplica no trabalho, na arquitetura, no lazer, na educação, na cultura, mas, principalmente, na atitude e no perceber das coisas, de si e do outrem.

A falta de informação e o desconhecimento sobre o assunto fazem com que as pessoas se afastem dessa discussão. Culturalmente, consideram-se assuntos relacionados às pessoas com deficiência como algo delicado de se tratar, causando certo receio nas pessoas que desejam mencionar termos e expressões correlatas a ela. A soma desses fatores distancia os reais entendimentos e, por consequência, provoca a falta de compreensão.

Como dito anteriormente, a Língua Brasileira de Sinais vem tendo um espaço de debate cada vez maior na sociedade. Desde ambientes acadêmicos a órgãos legislativos, percebemos um crescente interesse por parte da população em falar mais sobre o assunto. O aumento da aparição de intérpretes de Libras e a presença de mecanismos de acessibilidade visual em diversos meios de comunicação contribuíram para essa visibilidade. E mesmo que haja a obrigatoriedade legal em muitas dessas questões, o caráter social ganhou mais espaço.

Contudo, a propagação de informações variadas, somada a elementos infundados e à falta de checagem das fontes, fez uma grande parcela de indivíduos que abordam o assunto criarem uma estrutura de opinião pública bem particular. Muitos passaram a falar dessa inclusão social, outros tantos da acessibilidade comunicacional relacionada, e um pensamento generalizado tomou uma forma convencionada.

Em nível nacional, os poucos que se aprofundam nesse universo e buscam esclarecer as informações às vezes deixam de opinar publicamente, cedendo à falta de defesa de seus conhecimentos. Tamanha é a certeza que a maioria tem sobre as peculiaridades envolvidas no assunto Libras, como, por exemplo, quando citam que ela é o segundo idioma oficial do país (e como visto no início deste capítulo, não há referência disso em lei), que muitas vezes a minoria, que de fato é mais esclarecida, coloca em xeque suas próprias informações com medo de ser criticada ou isolada das discussões.

Dentro das correntes teóricas da comunicação, há até mesmo um processo que explica bem esse fenômeno, a Espiral do Silêncio. Modelo de opinião pública que tem como ideia central a omissão de informações, possivelmente conflitantes às majoritárias, por vezes devido ao medo de uma crítica ou isolamento. De acordo com Winques (2020):

> A percepção de cada sujeito sobre o que os outros pensam é determinante na decisão de se expressar ou não em público – e esse é um processo que pode se desenrolar ao longo do tempo. É assim que uma espiral se instala, a partir da observação – da realidade e da realidade pelos olhos da mídia – da existência de uma opinião dominante ou norma social (Winques, 2020, p. 5).

Assim, ao entender o quão preocupante pode ser uma desinformação sobre determinado assunto, reflexões como essas são feitas na busca de um melhor esclarecimento. Um exemplo é a referência ao profissional intérprete de Libras, que é intérprete, mas também é um tradutor da língua de sinais. A grande maioria sabe que existe um profissional com a função de tornar acessível a comunicação de pessoas surdas na sociedade, mas qual o termo certo a utilizar? Quais são as técnicas existentes para que essa atividade seja realmente necessária? O que poucos sabem é o quanto essa profissão tem suas particularidades, e como de fato funciona.

Para a língua de sinais, o tradutor tem a função de receber um texto original, analisar e preparar uma programação de discurso por meio de um vídeo, por exemplo. Já o intérprete, durante sua atuação, precisará realizar uma interpretação linguística com expressões que facilitem a comunicação pretendida, aproximando as partes envolvidas de forma simultânea. Ou seja, a denominação correta para esse profissional é "Tradutor Intérprete de Libras". Assim, vemos que há na verdade dois ofícios para essa profissão, o da tradução e o da interpretação.

Segundo Lacerda (2010):

> Traduzir estaria ligado à tarefa de versar de uma língua para outra trabalhando com textos escritos. [...] Já interpretar está ligado à tarefa de versar de uma língua para outra nas relações interpessoais, trabalhando na simultaneidade, no curto espaço de tempo entre o ato de enunciar e o ato de dar acesso ao outro àquilo que foi enunciado (Lacerda, 2010, p. 14).

Dessa forma, percebe-se que há de fato mais de uma função para o intérprete. Termos com leve diferenciação de significados que, apesar de não parecer ter importância, na prática terá grande relevância.

Ainda sobre terminologia, entre tantas palavras tem-se, talvez, a mais utilizada pela grande maioria desconhecedora do assunto e que, como empregada de forma extremamente equivocada, torna-se pejorativa. Surdo-Mudo. Muitos ao se referirem à pessoa com deficiência auditiva nomeiam-na de Surdo-Mudo. A palavra "mudo" não deve ser utilizada em nenhuma circunstância quando nos referimos à pessoa surda. Mudez é outra deficiência, relacionada à pessoa que não emite som pela boca. Por vezes, um surdo acaba por não saber falar devido à ausência de audição, porém não significa que ele não emita sons. Aliás, o termo mudo também é referido a pessoas que não possuem opinião própria, não se expressam e não têm voz. Portanto, chamar um surdo de Surdo-Mudo é ofendê-lo no ápice da hostilidade. O jeito certo de mencionar uma pessoa que já nasceu sem audição é SURDO. Alguns ouvintes ficam até receosos em dizer a palavra surdo, pois pode parecer remeter a uma ofensa, comum de ser dita entre ouvintes quando um não escuta direito o que o outro fala. Mas para o surdo, é uma maneira educada e gentil de citá-lo.

Dentro desse ponto, há também o verbo FALAR. Nota-se que até este momento da pesquisa quando se refere a um indivíduo que utiliza a Libras, ele a fala. E está correto o termo em questão. Para muitos ouvintes, pode soar estranho dizer que um surdo fala a língua dele, ou que uma língua de sinais é falada. De fato, a língua em si é sinalizada, mas, como dito, é uma língua natural e, assim como qualquer outra, ela é FALADA. Algo importante de se mencionar e reforçar, pois entre os ouvintes as palavras MUDO e FALA claramente não cabem no mesmo contexto de significados, assim, uma sobressairá à outra na medida em que for utilizada corretamente.

Dentre os quesitos de desinformação, lembremos também a questão de alguns considerarem a Língua Brasileira de Sinais como uma segunda língua do Brasil, as questões sobre chamar a Libras de linguagem, e a questão da diferença entre uma pessoa surda e uma pessoa com deficiência auditiva (questões já abordadas anteriormente).

De todo modo, muitos indivíduos se prendem a termos técnicos e acabam por vezes não entendendo suas essências, sem saber o que eles significam ou o que podem causar. Saber exatamente do que está se falando é entender como funcionam as relações entre os grupos e seus discursos.

Mesmo sendo um assunto de pauta atual, a questão da Libras e tudo que a envolve deve ser mais bem compreendida por toda a sociedade brasileira, pois assim, ouvintes que não possuem contato com a língua de sinais poderão estreitar sua relação com ela e com seus benefícios comunicacionais. Disseminá-la de forma correta é atuar com inclusão e contribuir para a garantia de direitos já adquiridos. Direitos não apenas de um grupo em específico, mas de uma língua estruturada, identificada e reconhecida legalmente em âmbito nacional.

2.2.2 A falta de reconhecimento da língua

As desinformações, as informações errôneas, a falta de acesso e a não checagem das fontes não são os únicos fatores que contribuem negativamente para a disseminação de um assunto. Em uma sociedade, os processos de absorção de conhecimento mudam com o tempo, porém são culturais. A história nos mostra que, muitas vezes, o entendimento sobre este ou aquele assunto se distorce, mas não perde sua essência.

De caráter histórico e cultural, tem-se então o preconceito, uma espécie de julgamento que é formado antecipadamente e que, de modo intrínseco, pertence a toda uma sociedade. Tão ligado a valores, outrora impositivos, esse tipo de julgamento intensifica a descriminação e a segregação do que é diferente. Segundo Gaines e Reed:

> [...] segregação, preconceito e discriminação [...] não são resultados inevitáveis de processos biológicos ou cognitivos. Argumentamos, pelo contrário, que eles refletem a emergência histórica de comportamentos e sistemas de crenças específicos que equacionam diferenças físicas e culturais com "bondade" ou "maldade" dentro da espécie humana. Tais comportamentos e crenças surgirão apenas como uma

consequência de histórias de opressão particulares (Gaines; Reed, 1995, p. 101).

Assim, ao pensar em preconceito como parte estruturante de uma sociedade, percebe-se que a segregação e a discriminação terão como alvo os indivíduos que não pertencem à maioria, pois a opressão seguirá em cima daqueles vistos como "diferentes", por meio daqueles autoconsiderados "normais".

Ao nos referirmos aos surdos, presenciamos opressões históricas sobre indivíduos que possuíam deficiência sensorial, uma cultura particular, mas acima de tudo, um meio de comunicação distinto do da maioria. Nesse cenário, reflete-se a respeito de um dos primeiros textos publicados no Brasil, relacionados à comunidade surda, do médico Tobias Rabello Leite (1869):

> Não se podendo mais duvidar da facilidade de educar surdos-mudos, nem de que a educação converte-os de semi-selvagens em cidadãos tão úteis como os que ouvem e falam, resta saber si no Império existe um número tal desses infelizes que justifique o dispêndio que é necessário para o desenvolvimento deste Instituto (Leite, 1869, p. 4).

Ao enviar seu relatório para o ministro e secretário de Estado dos Negócios do Império Conselheiro João Alfredo Correia de Oliveira em 1869, o então diretor do Instituto dos Surdos-Mudos,[12] Tobias R. Leite, procurou aprofundar as discussões acerca das questões relacionadas às práticas imperiais sobre o convívio social e à educação dos surdos da época. Porém entre as diversas linhas do relatório, a todo momento o diretor utilizou-se de termos, palavras e expressões vexatórias quando mencionava os indivíduos surdos. Sem que houvesse intenção explícita em menosprezar os indivíduos, ditos como diferentes, Tobias transpunha em seus dizeres uma opressão orgânica às suas existências sociais.

De maneira natural, muitos se referiam aos surdos como infelizes, semisselvagens, entre tantos outros vocábulos, comum de serem encontrados em textos semelhantes da época.

Decerto, era notório, assim como nos dias de hoje, que os surdos representavam/representam um grupo minoritário em relação a todos os indivíduos da sociedade.

---

[12] Que são apresentadas em cinco categorias, detalhados na tese *Surdos professores: a constituição de identidades por meio de novas categorias pelo trabalho em territórios educativos* (Cunha Junior, 2022, p. 380).

Ao se falar de minorias, tem-se a clássica definição do sociólogo alemão Louis Wirth (1941):

> O conceito de "minorias" aqui é utilizado para se referir àqueles que por motivos físicos ou sociais e diferenças culturais recebem tratamento diferenciado e que se consideram um povo à parte. Tais grupos caracteristicamente são tidos em menor estima, são impedidos de certas oportunidades, ou são excluídos da plena participação em nossa vida nacional (Wirth, 1941, p. 415, tradução nossa).

Desse modo, percebe-se que um grupo de minorias não é necessariamente aquele que está em menor número, mas sim aquele que possui características específicas se distinguindo do todo. Seja social ou culturalmente, as diferenciações do grupo e suas respectivas particularidades passam por elevados processos de preconceito e estigmatização, em que muitas vezes acarretarão a exclusão social do grupo por parte dos outros e por parte de si mesmos em relação ao todo.

Agregada às concepções relacionadas à comunidade surda e à língua de sinais, tem-se também a questão numérica. Além de suas especificidades, tanto o grupo quanto a língua, que fazem parte de uma cultura própria, encontram diversas barreiras existentes, devido à sua ocupação do espaço social. A maioria dos brasileiros são ouvintes e a língua portuguesa é predominante. Logo, não se caracteriza como surpreendente o fato de a maioria das pessoas não conhecerem, entenderem ou tampouco validarem essa cultura.

Ruzza (2020) discorre:

> A hipótese do critério utilizado para não validação da Cultura Surda é que, além da menor quantidade de Surdos, há dificuldade de compreensão quanto a percepção de mundo e expressão dos Surdos por parte do grupo majoritário não-Surdo (Ruzza, 2020, p. 22).

Por certo, ao pensarmos em ouvintes que não têm acesso à comunidade surda e não a conhecem, que não têm entendimento do idioma e desconhecem suas garantias legais, perceberemos que dificilmente saberão sobre ou darão importância social à cultura surda, incluindo a própria língua de sinais, mote constituinte dessa cultura.

Para muitos ouvintes haverá a falta de interesse em se aprofundar no assunto, não apenas pela falta de (re)conhecimento do tema, mas sobretudo pelos pré-conceitos existentes na sociedade desde o passado. Como dito por Gaines e Reed (1995), os comportamentos históricos e os sistemas de crenças sociais específicas contribuem para a segregação de diferenças físicas ou culturais.

Padrões sociais reproduzidos ao longo de gerações, que segregaram a cultura surda, seja pelo desconhecimento ou pelo desinteresse, e até mesmo pela não aceitação de que os indivíduos surdos e sua língua gesto-visual pertencem e têm uma cultura própria.

Cunha Junior (2022) esclarece:

> A despeito da produção e reprodução, de padrões, interpostos pela sociedade, em cada tempo, os Surdos, se colocaram em contraponto ao monoculturalismo. Por isso, "construíram uma comunidade própria, com sua cultura, sua língua e tentaram se estabelecer como grupo minoritário que pudesse ser aceito numa visão multicultural" (Cunha Junior, 2022, p. 378).

A expectativa de ter sua cultura e sua língua aceitas é um posicionamento de uma comunidade que resiste a uma opressão histórica criada pela maioria. Nesse aspecto, percebe-se que em qualquer âmbito, seja profissional, social ou até educacional, haverá a predominância, muitas vezes, imposta, da cultura ouvinte.

Ao utilizar a questão educacional, por exemplo, tem-se habitualmente um sistema linguístico aplicado e idealizado pelas instituições com base na utilização única da língua portuguesa, principalmente em caráter escrito. E apesar dessas instituições pensarem a questão inclusiva, ao utilizarem com mais importância a grafia do idioma português deixando a Libras apenas para acessibilidade do conteúdo, permanecerá havendo uma redução de espaço da utilização da língua de sinais, dessa forma, não permitindo o posicionamento dialógico entre o uso de ambas as línguas. E por consequência, impedindo o reconhecimento de identidades linguísticas de modo a dificultar o partilhamento e a interação com outras culturas.

Segundo Cunha Junior (2022),

> Nesse ambiente, monoglóssico, ineficiente, de fechamento total da expansão linguística diversificada, prevalece o isolamento cultural dos grupos de minorias, por conta das muralhas linguísticas, invisíveis, projetadas contra as minorias no sentido de limitar ainda mais a oferta de

condições para a o exercício de sua autonomia (Cunha Junior, 2022, p. 297).

Portanto, fica claro que não há somente uma minoria de grupo, mas também há uma minoria linguística. Decerto, os ouvintes são a maioria em comparação aos surdos, e a língua portuguesa é a predominante no território brasileiro. Porém, a Libras, possuindo sua oficialidade bem como diversos direitos garantindo sua utilização e importância social, percebe-se que a soma de suas barreiras (desinformações, não checagem de fontes, desinteresse pelo assunto, o não cumprimento das leis, opressão histórica da comunidade surda e preconceitos) contribui para a falta de reconhecimento da língua de sinais e sua valorização social, cultural, linguística e comunicacional.

Vale lembrar que o preconceito também traz a questão de julgamento prévio de forma paralela ao comportamento de indivíduos que dizem não o ter. Entre aqueles ouvintes que conhecem a comunidade surda e aceitam sua cultura, haverá os que se sentem incapazes de adquirir a língua de sinais pensando que ela é difícil de aprender. Por certo, um ouvinte teve aquisição do português primeiro, mas isso não impede de que ele adquira a língua de sinais e usufrua de toda linguagem existente dentro da comunidade surda. Com isso, mais uma barreira na disseminação e utilização da Libras se apresenta.

Aliás, a partir do momento em que um ouvinte supera essas barreiras relacionadas aos surdos, à cultura surda e à língua de sinais, comunicacionalmente falando, ao adquirir a Libras aceitando-a como um novo idioma, o indivíduo ouvinte terá possibilidade de utilizar seus recursos interacionais até mesmo para fora da comunidade surda.

CAPÍTULO 3

DA AQUISIÇÃO À PRÁTICA DA LÍNGUA BRASILEIRA DE SINAIS POR OUVINTES

3.1 Um novo idioma

Neste capítulo são apresentados os aspectos da aquisição de uma segunda língua, bem como os processos envolvidos nesse aprendizado. Planeja-se entender a eficácia comunicacional quando indivíduos utilizam mais de uma língua para se comunicar, levando em consideração as perspectivas de interações sociais e estudos de linguagem.

Diante de abordagens feitas sobre monolinguismo, bilinguismo/multilinguismo e translinguagem, busca-se valorizar a utilização da Libras por ouvintes, refletindo as facilidades que o processo comunicativo realizado por gestos e sinais proporcionam.

Apresentam-se, também, análises feitas sobre as vantagens comunicacionais que a Libras pode oferecer às interações sociais de indivíduos ouvintes bem como às suas habilidades intelectuais e cognitivas, buscando evidenciar como as relações culturais e linguísticas se envolvem ao longo de todo esse processo comunicacional.

Há ainda o desenvolvimento de uma análise semiótica, ressaltando a discussão acerca das representações e significados que a língua e seus sinais oferecem à linguagem visual existente numa comunicação não verbal.

3.1.1 A aquisição de uma segunda língua

Em uma de suas frases mais notáveis, o filósofo austríaco Ludwig Wittgenstein (1889-1951), especialista em estudos de filosofia da linguagem e da mente, disse: "os limites da minha linguagem são os limites do meu mundo" (Wittgenstein, 2015, p. 164).

Sabe-se que palavras e expressões ditas, de modo oral ou sinalizado, afetam diretamente a maneira como vemos o mundo e nos relacionamos com o que nos cerca, e que as interações sociais podem possibilitar, de acordo com seus recursos comunicacionais, uma maior proximidade ou até mesmo distanciamento entre indivíduos. Sabe-se também que diversas linguagens são utilizadas em uma conversa, e, como visto anteriormente, uma língua e tudo o que ela representa fazem parte de uma linguagem muito maior, pertencente a um processo comunicativo que facilita o entendimento entre seus falantes. Sendo assim, seria correto afirmar que estudar e adquirir um segundo idioma contribui ainda mais para a eficácia comunicacional?

Para Bloomfield (1935 *apud* Hamers; Blanc, 2000, p. 6), o bilinguismo é "o controle nativo de duas línguas". Entretanto, dizer somente isso ou afirmar que ter fluência e compreensão de duas línguas já é o bastante para caracterizar um indivíduo como bilíngue é simplificar e diminuir toda a importância social que uma língua possui. Questões culturais e históricas, por exemplo, devem ser levadas em consideração quando pensada a aquisição e utilização de mais de um idioma. Concepções de por que o indivíduo falar duas línguas, em quais situações as utiliza, e até como as adquiriu são fatores cruciais para se determinar o real bilinguismo de alguém.

Ter o conhecimento prático e teórico de mais de uma língua não significa também que elas possuem necessariamente semelhanças lexicais ou estruturais para serem assimiladas. Como enfatizado por Edward Sapir: "Não há duas línguas que sejam suficientemente semelhantes a ponto de representarem a mesma realidade social" (Sapir, 1929, p. 162, tradução livre[13]). Isso significa que, ao estudar um indivíduo bilíngue, faz-se necessário igualmente investigar o ambiente em que ele está/esteve inserido ao adquirir o segundo idioma, buscando compreender suas interações sociais e sua relação com o mundo que o cerca.

Para Antonieta Heyden Megale, em sua pesquisa intitulada *Bilinguismo e Educação Bilíngue – Discutindo conceitos* (2005), após apresentar diversas definições e conceitos sobre bilinguismo, ela considera que:

> Ao classificar indivíduos como 64onolíngu ou 64onolíngues, a dimensão ou as dimensões analisadas para tal classificação devem ser expostas, facilitando, assim, o entendimento não só de quem está sendo classificado, como também de todos que se encontram de alguma forma envolvidos na questão (Megale, 2005, p. 7).

---

[13] Original: "No two languages are ever sufficiently similar to be considered as representing the same social reality" (Sapir, 1929, p. 162).

Assim, Megale (2005) traz a percepção de que o bilinguismo é um fenômeno complexo e deve ser estudado como tal, pois se faz necessário considerar as análises voltadas às questões interpessoais, intergrupais e sociais do indivíduo que fala duas ou mais línguas.

Desse modo, para abordar a aquisição de uma segunda língua não se pode apenas analisar o que é o bilinguismo, já que o processo de aprendizagem e de utilização de um novo idioma traz uma relação ampla do indivíduo bilíngue com o mundo que o cerca. Além dos contextos sociais, a análise de aquisição de uma segunda língua perpassa também pelas questões cognitivas e o desenvolvimento de linguagens do indivíduo.

De acordo com Lantof e Throne (2007, p. 47), há diversos processos no desenvolvimento cognitivo, que:

> São implementados através da participação do indivíduo em contextos com estrutura cultural, linguística e histórica. Exemplos de tais contextos são a vida em família, a interação entre colegas e contextos institucionais tais como a escola, as atividades esportivas organizadas e o local de trabalho.

Os autores reconhecem que entender os processos mentais de ordem mais elevada como a memória, por exemplo, é de extrema importância ao estudar o desenvolvimento cognitivo. Entretanto, deixam claro que as atividades cognitivas mais relevantes se desenvolvem por meio da interação social.

Para o psicólogo russo Lev Semionovitch Vygotsky (1987) as interações sociais são componentes fundamentais no desenvolvimento do conhecimento, e as condições de vida, bem como os ambientes em que uma pessoa vive, são fatores que interferem diretamente no processo de aprendizagem. Dessa maneira, falar da aquisição de uma segunda língua é falar de um processo situado contextualmente.

Segundo Del Rio (1996, p. 32):

> A aprendizagem é um processo e, em suas unidades mais primárias ou básicas, ocorre quando a pessoa, em virtude de determinadas experiências, que incluem necessariamente inter-relações com o contexto, produz novas respostas, modifica as existentes [...] ou quando o indivíduo estabelece novas relações entre sua atividade e o ambiente do qual faz parte.

Em outras palavras, aprofundando-se no processo de aprendizagem voltado a um novo idioma, percebe-se que dentro das interações sociais e dos ambientes em que elas se dão, há ainda uma associação de estímulos, respostas e ideias.

Ideias externas ao indivíduo, que ao serem compartilhadas no ambiente social desenvolvem-se no próprio mundo psicológico do indivíduo como uma espécie de transferência de conhecimentos que cria constructos pessoais internos, o que Vygotsky (1987), em seus estudos, chamou de Internalização. E apesar de esse termo possuir distintas abordagens, nesta pesquisa foi utilizada aquela relacionada à questão de interações e à presença de linguagem.

Desse modo, o processo de internalização tende a produzir o desenvolvimento cognitivo com materiais fornecidos pela cultura e linguagens existentes na interação social, percebendo que tal processo se constrói de fora para dentro. De acordo com Oliveira:

> Para Vygotsky, os processos mentais superiores são mediados por sistemas simbólicos, sendo a linguagem o sistema simbólico básico de todos os grupos humanos. O significado é componente essencial da palavra, o filtro através do qual o indivíduo compreende o mundo e age sobre ele. Nele se dá a unidade de duas funções básicas da linguagem: a interação social e o pensamento generalizante (Oliveira, 1994, p. 78).

A autora esclarece ainda que a linguagem é o sistema simbólico na mediação entre o indivíduo e o objeto do conhecimento, e que ela tem tanto uma função de contribuir com a comunicação entre indivíduos (interação social) como de compartilhar significados de signos entre eles (pensamento generalizante). Segundo Oliveira (1992, p. 79) "a linguagem é, assim, polissêmica: requer interpretação com base em fatores linguísticos e extralinguísticos. Para entender o que o outro diz, não basta entender suas palavras, mas também seu pensamento e suas motivações".

Assim, pensando em um indivíduo que adquire um novo idioma, percebe-se que há um processo de internalizar, tanto da linguagem quanto da cultura, envolvidas na língua aprendida. E esse aprendizado, de acordo com Nogueira (2020):

> Envolve práticas de língua(gem) translíngues que transcendem o aspecto linguístico acomodando também outros recursos semióticos, multimodais, artefatos e propiciações

CONEXÕES SILENCIOSAS

> do ambiente na constituição dos repertórios sociossemió-
> ticos empregados nas situações comunicativas (Nogueira,
> 2020, p. 294).

Apoiando-se nessas abordagens, entende-se, portanto, que na aquisição de uma nova língua há a agregação de valores sociais, educativos,
culturais, e sobretudo linguísticos, que nos permitem refletir ainda mais
as práticas linguísticas de pessoas bilíngues e multilíngues. Dessa maneira,
tem-se a perspectiva da translinguagem, conceito que tem como base estudos
que defendem a linguagem humana como sendo heterogênea e, contudo,
envolvida em processos distintos (Scholl, 2020).

De acordo com a pesquisadora Ana Paula Scholl:

> A ideia é que a linguagem seja re-pensada e não mais conside-
> rada uma entidade formal, mas uma organização múltipla de
> processos que permitem interações que transcendem dinâmi-
> cas e práticas históricas e culturais. Através dessa perspectiva,
> não há divisões entre o que é linguístico, extralinguístico ou
> paralinguístico na comunicação humana (Scholl, 2020, p. 3).

Assim, ao pensar a linguagem humana como uma prática heterogênea, a translinguagem possibilita a compreensão de diferentes fenômenos
linguísticos que transcendem os limites de diversas linguagens e diversos
meios de produção de sentidos, bem como os limites das línguas nomeadas.

Na conferência "TRANS-ING Language and Cognition: Debates
and Directions of Translanguaging Research"[14] (2020), Li Wei, linguista
britânico diretor da University College London (UCL) e especialista em
estudos de translinguagem, explica que línguas nomeadas são conceitos
político-culturais e que estão ligados com a ideologia de que cada nação
possui apenas uma língua. Desse modo, o processo de invenção dos esta-
dos-nação também gerou a noção de monolinguismo. Entretanto, a perspectiva da translinguagem apresenta uma concepção diferente desta, indo
além dos limites de línguas nomeadas (português e inglês por exemplo).
Wei ressalta que o conceito de translinguagem não nega a existência dessas
línguas, apenas reafirma que elas são entidades históricas, ideológicas e
politicamente definidas.

Ainda para Wei (2020), o conceito de translinguagem cria um
espaço social para os indivíduos bilíngues e multilíngues, por isso, um
campo transformador. A translinguagem reúne diferentes aspectos da

---

[14] Disponível em: https://www.youtube.com/watch?v=RxBBaRaO9jk. Acesso em: 20 jun. 2023.

experiência das pessoas, assim como suas capacidades físicas e cognitivas na produção de sentidos. Nessa abordagem, segundo Wei (2020), um bilíngue/multilíngue é alguém que tem a consciência da existência de línguas nomeadas e, ao adquirir algumas de suas características funcionais, consegue utilizá-las na comunicação de forma fluida, empregando seu repertório linguístico completo. Porém, vai além dos limites da língua nomeada, pois buscará usar diferentes recursos linguísticos, semióticos e cognitivos para produzir significados.

A perspectiva de um estudo mais complexo, que utiliza diversos recursos linguísticos e múltiplas modalidades de linguagem para dar sentido ao mundo que nos cerca, nos faz pensar que a translinguagem é um construto que gera novas questões sobre assuntos relacionados à comunicação, à cognição humana e aos processos de aquisição de uma nova língua. Inclusive, quando associados às interações sociais entre indivíduos que estão desenvolvendo o aprendizado de uma segunda língua, ao promover relações culturais, educacionais e linguísticas, elas possibilitam maior entendimento e compreensão do universo da língua que está sendo adquirida.

Como colocado por Li Wei, essa abordagem pode beneficiar, por exemplo, a aprendizagem, a identidade e a subjetividade de falantes de línguas minoritárias. Pois o indivíduo multilíngue apresenta uma habilidade de quebrar limites entre variedades linguísticas e línguas nomeadas, utilizando essas habilidades para questionar, problematizar e articular ideias (Wei, 2020). O conferencista cita ainda a questão educacional como contexto em que bilíngues têm a oportunidade de utilizar seu repertório linguístico para construir seu próprio processo de aprendizagem. Desse modo, o conceito de translinguagem se faz bastante importante para se compreender contextos em que há uma língua minoritária, que costuma ser apagada ou esquecida socialmente, em favor de uma língua maioritária. Como é o caso da Libras e da língua portuguesa respectivamente, no território brasileiro.

De acordo com o sociólogo francês Bernard Mottex:

> Com o reconhecimento da língua de sinais, os surdos começaram a se considerar uma minoria linguística. Pertencer a uma minoria linguística significa ter uma língua para si mesmo, não compreendida pela maioria, e viver em condições de bilinguismo. Além disso, significa sofrer uma certa desconfiança e um certo desprezo por parte da maioria (Mottez, 2017, p. 21).

Adiante serão analisados os benefícios comunicacionais e intelectuais para indivíduos que adquirem mais de uma língua. Entretanto, quando se trata de ouvintes, indivíduos que possuem o Português como primeira língua, a aquisição da Língua Brasileira de Sinais poderá ampliar suas habilidades cognitivas e de comunicação.

3.1.2 Aportes comunicacionais da Libras

Após se refletir sobre o processo de aquisição de uma segunda língua, relembremos que a Libras é uma língua completa e estruturada assim como qualquer outra. Certamente, a língua de sinais tem uma importância prioritária para as interações entre membros de um grupo específico, a comunidade surda. No entanto, ao pensar na utilização da Libras por um ouvinte, as análises se voltam para o porquê de esse indivíduo aprender uma língua gesto-visual.

A princípio, qualquer indivíduo ouvinte que deseja aprender a falar uma língua de sinais busca esse aprendizado, pois necessita ou quer se comunicar com um surdo de uma forma mais clara e compreensiva. Dessa maneira, independentemente do motivo pelo qual se aprende a língua de sinais, haverá uma identificação, como explicado no capítulo anterior, tanto com o indivíduo surdo como com seu meio de interação e sua cultura.

Retomando a citação de Revuz (1998, p. 227), de que "aprender uma língua é sempre, um pouco, tornar-se o outro", pensemos na experiência dupla do indivíduo que aprende uma segunda língua. Isto é, haverá em certa medida um ocultamento, por assim dizer, de características da língua materna, ao mesmo tempo que há um ganho linguístico-cultural da língua que se aprende.

Sobre tal vivência, a autora se aprofunda:

> Essa experiência de ruptura ou perda e descoberta ou apropriação é mais violenta quando ela é acompanhada de uma ruptura real (emigração, estada no estrangeiro), mas está presente também, de modo mais silencioso, mesmo nas aprendizagens mais esparsas e escolares. Essa experiência, com efeito, não está ligada a tal ou qual característica psicológica ou cultural do próprio aprendiz, mas ao fato mesmo de expressar-se em uma outra língua (Revuz, 1998. p. 227).

Desse modo, percebe-se que ao adquirir um novo idioma, o indivíduo passa por um processo de se autoincluir na língua aprendida. Porém, diferentemente de como se utiliza a língua materna, o indivíduo ainda não terá em seu repertório frases estruturalmente completas. Para se falar uma segunda língua será preciso formular frases convergentes com os sentidos que deseja exprimir. Assim, o indivíduo se encontrará em um verdadeiro trabalho de expressão em que terá questionamentos constantes sobre a adequação daquilo que diz àquilo que quer dizer.

De acordo com Revuz:

> As formas ocas da língua, estereótipos que permitem falar para não dizer nada ou para dizer como todo o mundo, são adquiridas tardiamente, através de uma identificação forçada com os locutores nativos, seu modo de pensamento, seus costumes [...] Esses efeitos de ruptura e de deslocamento, com tudo o que eles podem ter de desestabilizador ou de excitante, serão mais reduzidos na medida em que a língua estrangeira se destine a um código ténico, ou a comunidade de origem e a comunidade de "adoção" sejam mais homogêneas (Revuz, 1998, p. 227).

Com tudo que vem sendo abordado nesta pesquisa, apesar de a Libras ser uma língua brasileira, pode-se partir da mesma prerrogativa de aprendizagem de uma língua estrangeira quando um ouvinte brasileiro, que tem aquisição somente do português, passa a aprender a língua de sinais. Pois para esse indivíduo, a língua portuguesa é sua língua materna.

De fato, qualquer pessoa que deseja aprender uma outra língua que não seja a sua materna o faz pelo principal motivo de utilizá-la em novas interações.

Para Block (2003), o processo de aprendizagem e desenvolvimento de uma nova língua começa com:

> A necessidade fundamental de interagir e de nos tornarmos parte de um grupo social, e o objetivo, derivado dessa necessidade, é alcançar a participação no referido grupo. Esse objetivo cria um motivo para a ação a ser empreendida. As ações dependem das metas e, no caso do aprendiz de língua, as metas se relacionariam a alguns aspectos da linguagem e da comunicação (Block, 2003, p. 102).

Sendo provável que o ouvinte que aprendeu a Libras o fez por conta de um contato presente ou futuro com um surdo, seu relacionamento com ele propiciará maior familiaridade com sua cultura. Essas interações e forma de se relacionar, utilizando inclusive as linguagens visuais, fazem com que o indivíduo tenha mais compreensão sobre a cultura ligada à língua de sinais.

Mesmo para os casos de ouvintes que já pertencem à comunidade surda, como o caso de alguns familiares, por exemplo, a cultura e costumes passam a fazer parte do seu dia a dia conforme acontecem as interações por meio da língua de sinais. Desse modo, a proximidade linguística existente permitirá ao ouvinte absorver, mesmo que em partes, o modo de pensar e agir do falante nato dessa língua (o surdo) e as linguagens ligadas a ela.

Para Vygotsky (1998) a interação das pessoas por meio de artefatos culturais, como língua e linguagem, influencia e gera mudanças nas formas de como as pessoas agem e se comportam, pois durante o processo de desenvolvimento linguístico sempre haverá influências no modo de pensar e agir, ainda mais quando se tratar do aprendizado de uma nova língua.

Essas relações culturais e linguísticas estarão envoltas a uma translinguagem que dá aportes ao processo comunicacional da própria pessoa que fala Libras, seja surda ou ouvinte. No caso do ouvinte que tem a apropriação da língua de sinais, ele trará toda uma bagagem comunicacional originária da língua portuguesa e da Libras, conseguindo utilizar os sinais e as linguagens visuais em diversas circunstâncias, até mesmo quando necessitar se comunicar com outro ouvinte, caso uma situação exija isso.

Um cenário notório em que dois ouvintes poderiam utilizar a Libras e se beneficiar de sua eficácia comunicacional seria em um ambiente com extremo barulho ao redor, como, por exemplo, durante um show de rock. Quando o tom da voz de um indivíduo não for suficiente para ser audível pelo outro, por conta da poluição sonora do ambiente, gestos e sinais poderão transmitir a mensagem desejada com mais eficiência. Nesse caso, claramente não se utilizariam apenas os sinais linguísticos, mas também diversas expressões corporais, comuns para quem fala Libras. De caráter universal, esse tipo de linguagem produzida pelo corpo humano transmite expressões claras e perceptíveis. "Nosso corpo é antes de tudo um centro de informações para nós mesmos. É uma linguagem que não mente" (Weil, 2015, p. 4).

Por ser uma língua gesto-visual, a Libras proporciona em seu processo comunicacional, constante uso de expressões corporais. Como dito no primeiro capítulo, esse tipo de linguagem é essencial para uma comunicação não verbal, fortalecendo a intenção comunicativa de um indivíduo. Assim como menciona Elias (2022) "o corpo fornece significados às outras pessoas, pois é integrado à percepção dos outros" (p. 480).

Em se tratando de um surdo, que tem a Libras como primeira língua, essa questão é ainda mais fundamental,

> Pois as expressões nem sempre estão ligadas ao que o sujeito está sentindo, no momento da conversação, mas ao que ele está pretendendo comunicar. Ou seja, deixa de ser revelador de uma emoção própria para ser uma expressão gramatical. Se o ouvinte relata um fato em que um dos personagens aparece muito bravo, tal informação não necessita estar presente, necessariamente, na sua expressão facial. Ele pode carregar na entonação de voz, por exemplo, e o interlocutor entenderá a mensagem (Silva, 2018, p. 1).

Para o surdo, as expressões faciocorporais se tornam indispensáveis e fundamentais, como já abordado, pois fazem parte da estrutura linguística da Libras, valendo-se para além de simples expressões de afetividade.

O ouvinte que por sua vez está mais ligado à cultura surda tende a ter mais naturalidade na utilização dessas expressões e movimentos corporais, e esse recurso, por certo, facilitará a conversa realizada por meio de sinais na situação mencionada supra.

Pode-se analisar com as mesmas características outra situação similar e comum no dia a dia, que é quando dois ouvintes tentam se comunicar em uma certa distância física. A 50 metros de distância, por exemplo, a sonoridade da voz não consegue alcançar a audição da mesma forma como se estivesse a um metro, contudo um gesto sinalizado pode ser visto ainda que mais distante fisicamente. Nesse cenário, a língua de sinais poderia ser mais eficaz para a comunicação entre ouvintes também.

Sem dúvidas, para que um indivíduo se comunique por meio de uma língua, ele deve ter conhecimentos lexicais e gramaticais mínimos. Contudo, tratando-se de uma comunicação feita em Libras, o modo de agir e as formas de se executar as linguagens envolvidas em seu processo interacional apresentarão mais eficácia comunicacional para seus falantes.

Sendo assim, ouvintes que tenham a aquisição da Libras poderiam se comunicar por meio de sinais sem dificuldades. Esses indivíduos, por serem bilíngues, já possuem vantagens comunicacionais e cognitivas, o que lhes possibilita melhores condições para produzir uma comunicação mais eficiente entre si, diferentemente daqueles que só possuem a Língua Portuguesa. "O bilíngue tem a capacidade de desenvolver consciência crítica de linguagem e de comunicação por meio de mais de um sistema, enquanto o monolíngue só faz uso de um" (Marsh, 2020, p. 10).

Segundo Judith F. Kroll (STB, 2020), a capacidade que uma pessoa tem em memorizar mais de uma língua ao mesmo tempo e sua habilidade de alternar a utilização entre elas em momento oportuno é um exemplo de exercício mental intenso. A autora ainda afirma que bilíngues vêm a ser um verdadeiro modelo de controle cognitivo.

Além do bilinguismo, se levarmos em consideração as questões de translinguagem, perceberemos que o diálogo entre ouvintes que falam língua de sinais tenderia a ser ainda mais eficaz. Isso não apenas no âmbito comunicacional, mas também na praticidade e agilidade como se daria a interação.

Como mencionado no primeiro capítulo, um sinal pode representar palavras, expressões e frases completas ditas oralmente. Com isso, o tempo utilizado durante a fala de um ouvinte poderia ser menor e até mais preciso, ao intercalar a Língua Portuguesa com a Libras. Lembra-se neste ponto dos sinais icônicos, que dentro dos estudos da língua de sinais são aqueles que mais se assemelham ao objeto representado. São gestos e sinais que conseguem reproduzir ou fazer alusão a uma imagem de seu referente, pois provocam associações mais visuais do que auditivas.

Teixeira (2015) afirma que o ser humano tem mais facilidade para identificar padrões visuais. Dessa forma, analisar e refletir o que acontece no mundo ao nosso redor ajuda a perceber oportunidades e inconsistências de atividades realizadas no cotidiano, além de libertar o cérebro para imaginar, criar e implementar informações existentes nas comunicações sociais.

A língua de sinais tem um papel interacional bem particular e interessante nas perspectivas visuais. O ouvinte que absorve as características gesto-visuais com propriedade terá domínio translíngue, desde o processo de aprendizagem às práticas comunicacionais, envolvendo-as em sua apropriação por meio das relações linguísticas e culturais.

Nesse sentido, patentemente, reflete-se a aquisição da língua de sinais por ouvintes a partir de suas vivências, experiências e aprendizagem com surdos. Contudo, ao pensar um ouvinte aprendendo a Libras com outro ouvinte, cogitam-se as condições de adquirir as questões culturais, expressivas e de linguagens impressas no processo comunicacional da língua de sinais com similar propriedade.

Aborda-se, então, a teoria da relatividade linguística. Essa teoria busca entender a relação entre linguagem e pensamento, mediada pela cultura (Gumperz; Levinson, 1996a, p. 1). Ou seja, a língua, tanto em seu processo prático quanto em seu processo de aprendizagem, ajuda a determinar o pensamento do seu falante, pois a presença da cultura por meio da linguagem existente nesses processos afeta o modo de o indivíduo pensar quando utiliza a língua.

Para a francesa Claire Kramsch, renomada linguista especialista em estudos de aquisição de linguagem por meios culturais e sociais, a relatividade linguística está intrinsicamente ligada à aquisição de uma segunda língua, pois ela leva em consideração as variações individuais, sociais e culturais tanto daquele que ensina como daquele que aprende a língua estrangeira (Kramsch, 1998). Segundo a autora, para que haja uma maior absorção da linguagem presente na utilização da língua, a partir da cultura que ela traz, faz-se necessário analisar também as questões de nível de conhecimento cultural do professor e aprendiz, suas vivências e experiências e até a forma como é planejado o ensino.

Para Guerreiro (2005, p. 44), existe ainda "O risco da estereotipização e da discriminação nas tentativas de ensino da cultura devido às generalizações que podem ser levantadas com relação às diferenças entre os povos".

Porém, ao pensar na aquisição de uma segunda língua, automaticamente se percebe que há uma aquisição simultânea de um novo mundo e modo de olhá-lo, e isso em certo ponto minimiza generalizações e estereótipos, seja no processo de aprendizagem de uma língua estrangeira, da Língua Brasileira de Sinais ou de qualquer outra.

No caso de um ouvinte que aprende Libras, há o contraponto de que ele não absorve toda a cultura e linguagens existentes no universo da língua de sinais quando a adquire com um surdo, assim como também tem condições de absorver essas questões quando aprende a Libras com outro ouvinte, assim como um brasileiro aprende inglês com outro brasileiro que viveu e morou em algum país anglófono. Ao aprender o idioma, o indivíduo tem condições de pensar a língua e entender as linguagens existentes por meio da cultura envolta.

Desse modo, entende-se que na perspectiva cultural direcionada ao público ouvinte, a translinguagem conecta as relações culturais e linguísticas presentes na língua de sinais.

3.2 Um signo facilitador

Como esclarecido no início deste trabalho, a Libras, assim como qualquer outro sistema de línguas, apresenta normas arbitrárias que evidenciam relações simbólicas. Os signos linguísticos que produzem associações de ideais, tornam-se símbolos na medida em que cada gesto, sinal ou movimento corporal passa a ter um significado. Com isso, entende-se necessário abordar com mais acuidade certos aspectos de estudos semióticos.

Após reflexões sobre a eficácia comunicacional da Libras, que levam em consideração as perspectivas de interações sociais e estudos de linguagem, percebeu-se que a língua de sinais por si só se caracteriza como um grande signo facilitador, pois seu poder de representação possibilita maiores interpretações do mundo visível. Até mesmo para os indivíduos ouvintes, habituados a utilizarem o recurso auditivo em suas interações, compreende-se que o aperfeiçoamento da linguagem visual pode trazer ganhos significativos para a comunicação social.

Desse modo, sendo a semiótica uma corrente teórica da comunicação estritamente ligada ao objeto de pesquisa, aborda-se uma visão desenvolvida nas questões de linguagens e representações, ampliando a compreensão sobre a eficiência da Libras e a sua capacidade comunicacional.

No intuito de contribuir com as discussões, apresenta-se também como se dá o processo de naturalização de gestos e sinais, reforçando a importância de utilizá-los numa comunicação visuoespacial.

3.2.1 Uma visão semiótica

A semiótica é uma ciência que estuda os processos sígnicos, em que termos como representação e linguagem são tratados frequentemente como equivalentes. De certo modo, ao pensar em algo visual, numa imagem e no porquê de sua existência, reflete-se que haverá sempre questões de linguagens e de representações.

Tendo a semiótica diversas vertentes de estudos em sua composição teórica, apoiamo-nos numa visão apresentada por Santaella (1983), como semiótica sendo a "ciência capaz de criar dispositivos de indagação e instrumentos metodológicos aptos a desvendar o universo multiforme e diversificado dos fenômenos de linguagem" (p. 16). Assim, voltam-se as análises para o campo da fenomenologia, explorado na vertente semiótica de Charles Sanders Peirce.

Em Peirce (1974), o estudo dos fenômenos dá subsídios para uma análise clara sobre os signos. E como explicado no primeiro capítulo, todos os tipos de sinais existentes numa conversa em Libras são signos. Sejam as expressões, os movimentos realizados e até os próprios sinais linguísticos. Quando algo passa a ter um significado individual em representação de uma palavra, de uma frase ou de toda uma expressão específica, esse algo se torna um símbolo, signo que tem a importante função de mediar a interpretação de cada coisa envolvida na linguagem existente. Ou, melhor dizendo, contribuir para que cada sinal realizado em Libras produza um significado.

Contudo, vale ressaltar que dentro de uma análise semiótica, quando estudamos um signo não podemos resumi-lo apenas em sua compreensão única de mediador. Pois essa ciência que tem como objeto de investigação todas as linguagens possíveis, tem também por objetivo examinar a constituição de todo e qualquer fenômeno como fenômeno de produção de significados (Santaella, 1893). Desse modo, entende-se que a fenomenologia, nos estudos de Peirce, é fundamental para esclarecer a capacidade que a Libras tem em facilitar interações entre indivíduos, e quão eficaz ela pode ser valorizando sua utilização enquanto processo de comunicação.

A semiótica ajuda a entender a mente humana, buscando em uma trilha de conhecimentos os significados que geram todo o caminho. É a partir daí que se percebe que os signos se constituem em processo. Dentro de cada processo, consegue-se identificar que o signo é mediação entre aquilo que chamamos de real e um intérprete (uma mente interpretadora), levando em consideração que essa mediação buscará acessar a mente interpretadora de forma a afetar sua consciência.

Em outras palavras, qualquer sinal existente em uma interação feita por meio da Libras, apresentará um processo que levará a uma compreensão de significado tanto para quem realiza os gestos como para quem os vê. Haverá, portanto, a presença de fenômenos, que auxiliarão os indivíduos em seus entendimentos mútuos. Citando Santaella (1983, p. 7) "Fenômeno é tudo aquilo que aparece à mente, corresponda a algo real ou não".

Para Peirce, existem tão e somente três categorias fenomenológicas, que são universais e onipresentes. Ele as nomeou de Primeiridade, Secundidade e Terceiridade. Primeiridade refere-se a pura qualidade de sentimento, mera possibilidade, enquanto a Secundidade requer relação, ação e reação, afeto, e a Terceiridade diz respeito ao pensamento articulado, ou seja, ao significado interpretado.

Sendo assim, na fenomenologia de Pierce, para esta análise, utiliza-se o quadro da divisão de signos a seguir:

Quadro 1 – Relação do signo com seu objeto sob as três categorias fenomenológicas de Peirce

	Signo com seu objeto dinâmico
Primeiridade	Ícone
Secundidade	Índice
Terceiridade	Símbolo

Fonte: adaptada de Chiachiri (2010, p. 41)

Para tanto, focando-se na divisão dos signos em relação aos seus objetos, mais especificamente ao objeto dinâmico, ou seja, aquilo do qual se queira mostrar, falar ou mesmo uma ideia sobre ele, teremos um signo linguístico da Libras relacionado ao objeto em si quando se deseja representar algo por meio do sinal realizado.

Sinais, como dito, que são signos. Sendo eles icônicos, indiciais ou simbólicos, nesta visão semiótica corroboram para a compreensão do funcionamento da língua de sinais, dando uma elucidação mais acurada sobre a eficácia comunicacional da Libras por meio de seu poder de representação e de linguagem.

Quando um sinal é realizado em Libras, pretende-se que este represente algo para alguém, sendo assim, provoca associações de ideais. Dessa forma, o signo se torna um símbolo, pois ele se refere ao seu objeto em virtude de uma convenção, ou de uma lei, por assim dizer.

Santaella esclarece que:

> Sendo uma lei, em relação ao seu objeto o signo é um símbolo. Isto porque ele não representa seu objeto em virtude do caráter de sua qualidade (hipoícone), nem por manter em relação ao seu objeto uma conexão de fato (índice), mas extrai seu poder de representação porque é portador de uma lei que, por convenção ou pacto coletivo, determina que aquele signo represente seu objeto (1983, p. 67).

Pensando então que todo sinal da Libras é realizado em uma linguagem com intuito de representar uma palavra, frase ou expressão, entende-se que todos os sinais são, acima de tudo, símbolos.

Sabe-se que para haver uma comunicação natural e fluida na língua de sinais, será necessário que os indivíduos entendam a língua, para que possam reconhecer os sinais sem explicações profundas. Entretanto, em uma visão semiótica, o mais importante não é apenas saber o que um signo significa, mas sim entender o que ele causa ou causará na mente de quem recebe a informação.

Nesse sentido, ao perceber que numa interação em Libras os sinais podem causar reações entre os indivíduos, entende-se que eles também podem indicar algo. Seja na movimentação de uma mão ou na realização específica de um sinal, os diversos recursos de linguagens como gestos e expressões trazem indícios do que estão representando. Assim, qualquer tipo de sinal presente nessa comunicação visual seria um índice. Contudo, independentemente do entendimento que se faça, ou se pretende fazer, quando se está falando em Libras, o sinal só funcionará como signo se houver uma mente interpretadora para firmar uma conexão.

Segundo Santaella:

> O índice como real, concreto, singular é sempre um ponto que irradia para múltiplas direções. Mas só funciona como signo quando uma mente interpretadora estabelece a conexão em uma dessas direções. Nessa medida, o índice é sempre dual: ligação de uma coisa com outra (Santaella, 1983, p. 66).

Desse modo, tudo que cerca uma conversa na língua de sinais pode ser um índice, inclusive o seu início. Ao dizer Oi em Libras, por exemplo, entende-se que se iniciará uma conversa em sinais, e isso já pode ser chamado de índice.

Reflexões como essas ajudam a compreender a funcionalidade de um sinal, ou, por assim dizer, de um signo em Libras. E se por um lado os signos podem indicar algo ou causar reações devido aos indícios que trazem, por outro também podem sugerir o que um sinal quer representar ao ser realizado.

Na semiótica peirceana, quando um signo se assemelha ao seu objeto ele é denominado ícone, de modo que o signo tenha um caráter sugestivo em relação ao que se deseja reproduzir. Um exemplo disso é o sinal de "arma" (revólver) em Libras. Conforme apresentado a seguir:

Figura 12 – Sinal de revólver em Libra

Fonte: acervo pessoal

Tem-se, na imagem supra, um dos sinais em Libras para arma (revólver). Um signo que se assemelha, por meio do formato, ao objeto que ele deseja representar.

De modo a apresentar uma semelhança a algo que o sinal se refere, o ícone "age como signo quando mostra uma qualidade que é similar à do objeto a que se reporta" (Chiachiri 2010, p. 38). Assim, percebe-se que os símbolos podem ser icônicos e/ou indiciais, pois produzem as associações de ideias necessárias para que os indivíduos que falam a língua de sinais tenham maior compreensão do que está sendo dito.

Para Santaella:

> Símbolos crescem e se disseminam, mas eles trazem, embutidos em si, caracteres icônicos e indiciais [...] Esses caracteres, contudo, estão embutidos no símbolo, pois o que lhe dá poder de funcionar como signo é o fato proeminente de que ele é portador de uma lei de representação (Santaella, 1983, p. 68).

Em Peirce (1974), todo símbolo contém um ícone e um índice. Pode-se dizer então que essa questão fica mais evidente na língua de sinais. Pois percebe-se que os sinais em Libras possuem grande poder de representação em função das palavras, frases e expressões que eles retratam. E não apenas os sinais linguísticos, mas todas as linguagens envoltas, com suas movimentações e ações corporais, possibilitam maior compreensão e favorecem um entendimento mais claro e ágil na comunicação existente entre os indivíduos.

Como já mencionado, a língua de sinais tem um ponto forte bem evidente na comunicação social, que é o seu caráter visual. O poder de sua linguagem e representação torna mais possíveis as interpretações do mundo visível. As peculiaridades dessa língua originam ações e processos de interpretar as coisas. Sendo assim, a participação da semiótica nos estudos da Libras enriquece as reflexões e análises sobre a eficácia comunicacional que ela possui.

Sinais falam, retratam, informam, são em sua maioria mais fáceis de entender do que palavras ditas oralmente que, por vezes, são difíceis de explicar até mesmo quando já as conhecemos, pois não se assemelham necessariamente com o objeto que representam. Segundo Peirce (1974) as palavras ditas ou escritas por si só não possuem existência, embora tentem ser reais elas são apenas réplicas do que se pronuncia ou escreve. A palavra homem, por exemplo, quando dita oralmente, é uma sucessão de sons que só se tornam um signo pela circunstância de que um hábito ou lei adquirida levam a ser interpretada como significando homem.

Em Libras, tem-se o sinal de homem como:

Figura 13 – Sinal de homem em Libras

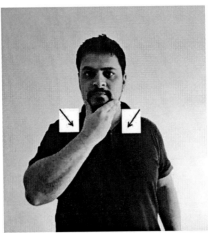

Fonte: acervo pessoal

E mesmo que não seja um sinal claramente icônico, esse signo com a mão no queixo traz a ideia de uma barba, fazendo assim, ou tentando fazer, uma correlação de ideias em uma alusão mais clara ao indivíduo mencionado.

CONEXÕES SILENCIOSAS

Certamente, conhecer a língua de sinais trará mais entendimentos às interações sociais. Entretanto, adquirir o idioma compreendendo suas facilidades comunicacionais possibilitará um maior desenvolvimento de linguagem, de forma a naturalizar o processo de aprendizagem linguística.

3.2.2 Naturalização de gestos e sinais

Após a breve análise semiótica apresentada no subitem 3.2.1, compreendeu-se que os sinais presentes na Libras tendem a oferecer mais representações do mundo real do que o português enquanto língua oral. Isso se deve pelas percepções visuais compreendidas por meio da linguagem visuoespacial a que a língua de sinais pertence.

Reforçando o processo de aquisição linguística e todas as vantagens comunicacionais que um indivíduo adquire ao aprender um novo idioma, leva-se em consideração a eficácia que a Libras traz ao processo de interação social quanto aos recursos de linguagens utilizados. Pois muitos dos signos linguísticos têm condições de serem utilizados e compreendidos até mesmo por quem não possui um conhecimento lexical amplo da língua de sinais. Desse modo, a presença da Libras em uma conversa entre ouvintes permitiria que os indivíduos a utilizassem como uma possível alternativa linguística, enriquecendo seus recursos de linguagem ao ponto de dar mais representação ao que desejam dizer.

Nesse sentido, reflete-se na naturalização dos signos (gestos, sinais e expressões) da Libras no intuito de reforçar a importância de utilizá-los numa comunicação não verbal. Em outras palavras, unir a língua e a linguagem por meio de seus poderes de representação e significações é uma forma de valorizar os vínculos sociais criados e mantidos por toda essa comunicação visual.

Para tanto, faz-se necessário pensar língua e linguagem como processos de fluxos às comunidades em que elas existem, na intenção de torná-las funcionais nos processos de comunicação, na medida que contribuem com os vínculos gerados pelas relações sociais dessas comunidades. Para o filósofo e psicanalista Cornelius Castoriádis (1982, 1987), se por um lado os vínculos sociais são mantidos por tradições, normas e instituições sociais estabelecidas e reguladas, por outro são uma rede de significações sociais imaginárias, contingentes e indeterminadas que só funcionam porque há um código compartilhado, sendo este existente por conta de uma língua e de uma linguagem.

De acordo com o autor, esse código é:

> Um sistema de signos cujos termos e relações são fixos e dados em definitivo, e em correspondência i-unívoca com um outro sistema, é um código. [...] Mas a linguagem é também uma língua, na medida em que se refere às significações. [...] a possibilidade de emergência de outras significações é imanente à língua e permanente durante todo o tempo em que a língua é viva (Castoriadis, 1982, p. 254-255).

Portanto, para Castoriadis, a língua se encontra no momento instituinte do vínculo social, surgindo muitas vezes por meio de novas formas sociais. Quando a sociedade questiona sua própria instituição, sua representação de mundo, suas significações sociais e até quando necessita desenvolver sua comunicação social, ela utiliza a língua e recursos de linguagens para buscar autonomia em suas interações (1982).

Nesse aspecto, percebe-se que língua e linguagem estão profundamente ligadas ao processo comunicacional, sobretudo quando esse processo se dá de forma visual. Relembra-se então a questão da linguagem visual, que em seu campo de pertencimento fornece condições aos indivíduos de se apropriarem de elementos visuais para criarem interações mais compreensivas. Contudo, ainda é preciso manter a compreensão que há na diferença entre linguagem e língua, focando especificamente na língua de sinais.

Desse modo, pensa-se a importância que as linguagens e a língua possuem diante de certos processos cognitivos, em particular os processos de aquisição e de aprendizagem. Até agora, muito se falou sobre ambas as questões, sempre referidas como processos. Porém, processos ainda não devidamente individualizados.

No campo da linguística aplicada há diversas abordagens voltadas para o entendimento entre o que é aquisição e o que é aprendizado. Em sua maioria, quando tratadas como processos, são tipificadas como coisas distintas, por vezes complementares e por vezes divergentes.

Apoia-se, entretanto, em um estudo pioneiro da área, utilizado por diversos pesquisadores que buscam compreender processos cognitivos presentes na aquisição de uma segunda língua. Desenvolvida pelo linguista Stephen Krashen (1978), a Hipótese da Aquisição-Aprendizagem é uma proposta direcionada a esclarecer e promover discussões acerca dos processos em questão. Este estudo propõe uma diferença clara entre aquisição e aprendizado de uma segunda língua, sendo a aquisição um processo subconsciente que requer um dispositivo para adquirir uma linguagem, antes mesmo de haver a aquisição de língua. Já a aprendizagem, sendo o resultado de uma intenção em aprender a língua, levando em consideração que o uso do conhecimento aprendido exigiu esforços.

Em suma, para Krashen (1978) a aquisição de uma segunda língua se dá por meio da exposição ao idioma, de forma inconsciente, e a aprendizagem ocorre de forma consciente e monitorada. Entretanto, em seus estudos o linguista se aprofunda na questão dizendo também que ambos os processos não interagem, pois às vezes mesmo sabendo uma regra gramatical, nem sempre o indivíduo consegue aplicá-la quando utiliza uma segunda língua aprendida.

Contudo, essa ótica particular de não interagirem se torna radical à medida que levamos em conta questões inerentes às linguagens e à língua existentes num grupo de fala, como os vínculos, as interações, os ambientes e até a cultura. Desse modo, considera-se que linguagem e língua seguem unidas em processos convergentes de aquisição e aprendizagem. Processos que fornecem um desenvolvimento cognitivo ao indivíduo, mas que são, como dito anteriormente, contextualizados conforme se desenvolvem as linguagens. Pois de acordo com Lantof e Thorne (2007) a linguagem também é uma ferramenta simbólica importante para o ser humano organizar e controlar todos seus processos mentais.

Reflete-se neste ponto a Teoria Sócio Cognitiva (TSC), que traz a aquisição de segunda língua como um processo situado contextualmente, dando explicações aos processos cognitivos relacionados ao processo de aprendizagem (Bandura; Azzi; Polydoro, 2008).

Dessa forma, compreende-se que aquisição linguística é um processo vivido e experimentado, em que o indivíduo se vê envolvido em situações de interações, ocorrendo a absorção do conhecimento de forma natural. A aprendizagem, por sua vez, estará presente nas interações de modo a complementar o desenvolvimento cognitivo existente ao adquirir a língua.

Destarte, entende-se que, quando o indivíduo passa por um processo de aprendizagem de modo a adquirir a língua enquanto seu uso prático, ele naturaliza recursos de linguagens. No caso da língua de sinais, haverá uma naturalização dos gestos, expressões e dos signos linguísticos presentes na Libras, contribuindo para sua utilização e consequente eficácia comunicacional.

CAPÍTULO 4

A LÍNGUA DE SINAIS COMO FACILITADORA COMUNICACIONAL ENTRE OUVINTES

4.1 Grupo Focal

Nesta etapa, apresentam-se os procedimentos metodológicos utilizados para desenvolver, aplicar e avaliar a pesquisa qualitativa realizada por meio de um grupo focal. Ressalta-se que essa dinâmica de pesquisa foi autorizada pela Comissão Nacional de Ética em Pesquisa (Conep) por meio da Plataforma Brasil, sendo aprovada pelo Comitê de Ética em Pesquisa da Universidade Metodista de São Paulo (CEP-Metodista), sob parecer de aprovação número 6.038.498 divulgado em 3 de maio de 2023.

Essa ação teve o objetivo de analisar como indivíduos ouvintes se comunicam utilizando a Língua Brasileira de Sinais, com intuito de estudar sua eficácia e características próprias existentes no processo comunicacional.

Realizado dentro das dependências da Universidade Metodista de São Paulo (Umesp) no dia 10 de maio de 2023, o grupo focal se constituiu de participantes ouvintes, todos com proficiência na Língua Brasileira de Sinais. Com duração de pouco mais de uma hora, a ação aconteceu em formato de roda de conversa, sendo o principal procedimento as conversas realizadas predominantemente em Libras.

Figura 14 – Grupo focal

Fonte: acervo pessoal

4.1.1 Ouvintes com conhecimento de Libras

Esta pesquisa é de natureza híbrida, propondo uma abordagem teórica e empírica. Nesta fase do trabalho, aplicou-se um procedimento prático por meio da realização de um grupo focal, utilizando essa metodologia qualitativa para compreender o comportamento interacional e suas implicações comunicacionais por meio do uso, exclusivo por ouvintes, da Língua Brasileira de Sinais.

O foco dessa ação permeou o tema sobre a utilização da Libras no cotidiano, sendo abordados assuntos sobre a vivência, prática e aprendizado da língua. Assim, ao desenvolver o grupo focal, analisaram-se tanto as interações, os discursos, recursos de linguagens e proficiência no idioma, como também o vínculo que cada integrante possuía com a língua de sinais, de modo a enriquecer a pesquisa em seus propósitos científico e social.

O grupo focal, que aconteceu em formato de roda de conversa, teve seus participantes recrutados por meio do WhatsApp por intermédio de contatos particulares e indicações de redes de contato do pesquisador.[15] Para verificar a fluência na Língua Brasileira de Sinais, avaliaram-se as

---

[15] Devido à sua posição como presidente do Conselho Municipal dos Direitos da Pessoa com Deficiência (CMdPCD) de São Bernardo do Campo (Gestão 2022/2023), o pesquisador possui uma extensa rede de conta-

relações parentais e de amizades que os indivíduos possuíam com surdos e suas respetivas conexões com a comunidade surda, pois são caraterísticas que tendem a garantir ao ouvinte uma proficiência na Libras.

Buscaram-se indivíduos ouvintes que não fossem profissionais intérpretes de Libras, pois, nesse caso, haveria um padrão linguístico específico em suas falas, além de indução sobre interações por terem vínculos exclusivamente profissionais com a língua de sinal. Entende-se que se o grupo focal fosse formado por intérpretes profissionais, não contribuiria qualitativamente com os propósitos da pesquisa.

Dos seis participantes, três possuíam vínculos familiares com surdos. Tão logo, seus conhecimentos sobre a língua de sinais e sobre a cultura surda eram mais amplos em relação aos dos demais. Fato esse que contribuiu positivamente para o desenvolvimento dos diálogos no grupo focal, pois suas vivências e o contato com a língua de sinais enriqueciam a conversa conforme fluíam as perguntas.

Com especialização e fluência em Libras, foi o próprio pesquisador quem realizou as mediações do grupo, seguindo uma ordem pré-estabelecida de perguntas específicas. A discorrer:

Quadro 2 – Questionário aplicado aos participantes do grupo focal

a) Cada participante pode, por favor, apresentar-se para os demais?
b) Qual motivo levou você a aprender Libras?
c) Como foi o aprendizado da língua de sinais?
d) Quando não se conhece um sinal em Libras como você se expressa para falar a palavra que deseja?
e) Quando você conversa de forma oral com outro ouvinte, você utiliza de gestos e outros recursos miméticos?

Fonte: elaborado pelo autor

Mais adiante serão apresentados com detalhes os encaminhamentos dados pelo mediador e os devidos retornos dos participantes a cada uma das perguntas.

---

tos para acessar possíveis participantes. Além de seu estreito vínculo com a comunidade surda existente entre membros surdos de sua família.

Assim, retornando à estrutura prática do grupo focal, um agradecimento breve pela participação foi feito pelo pesquisador, antes de se iniciarem os questionamentos. Nesse instante, o mediador utilizou-se do português falado; entretanto, a solicitação para que cada participante se apresentasse ao grupo foi feita em Libras. Momento em que surpreendeu os entrevistados, pois de forma súbita, ao terminar uma frase oralizada em português, o mediador seguiu com sua fala em sinais.

Apesar das risadas dadas pela maioria, um intervalo de silêncio tomou conta da sala. Foi uma surpresa o mediador mudar de língua sem aviso prévio, contudo todos os participantes, sem exceção, entenderam o solicitado. Sendo que um deles ergueu a mão e se manifestou, em Libras, dizendo que poderia começar com sua própria apresentação. Após o sujeito voluntário ter iniciado a roda de conversa de maneira efetiva e findado sua fala, a pessoa do seu lado direito começou a se apresentar sem necessidade de o mediador solicitar que o próximo o fizesse. Um a um, os participantes foram se apresentando por meio de sinais, de maneira natural.

Desse modo, conforme planejado, o grupo focal teve seu processo desenvolvido por meio de uma conversa de livre expressão, sem prioridade de falas entre os participantes. De maneira descontraída, os diálogos foram provocados sempre por intermédio do mediador, que permaneceu até a última pergunta falando predominantemente em Libras, porém deixando os participantes à vontade para oralizarem o português quando sentiam necessidade, seja de seu uso ou pela insegurança de se expressarem apenas por sinais.

De toda maneira, ao longo da ação, ficou claro que todos os participantes eram ouvintes que tinham o domínio da língua de sinais, conheciam a cultura surda e gostavam de praticar a Libras. Cada um à sua maneira dialogou sem dificuldades e assistiu à fala dos demais, sempre com confiança e propriedade de entendimento. Por vezes, durante a resposta de um indivíduo sobre determinada pergunta, os demais questionavam sinais que não compreendiam ou até mesmo a própria resposta em si. Desse modo, foram desenvolvidos assuntos paralelos que agregavam à pesquisa, já que eram sempre relacionados às experiências com a utilização da Libras e questões correlatas.

Compreender o porquê de um ouvinte aprender Libras foi além dos vínculos sociais existentes, pois se constatou que há um evidente prazer em falar uma língua sinalizada, que possui fortes características visuoespaciais, mesmo quando já se tem o domínio de uma língua oral.

Esse gosto e apreço pela Língua Brasileira de Sinais foi demonstrado por todos os participantes do grupo, que informaram, inclusive, nunca terem participado de uma ação como esta: fazer uma roda de conversa somente entre ouvintes, falando predominantemente em sinais.

Figura 15 – Roda de conversa com grupo focal

Fonte: acervo pessoal

4.1.2 Análise de resultados

Além de mediador do grupo focal, o pesquisador atuou também como observador. Conforme norteava as perguntas e conduzia as conversas, o mediador assistia à evolução dos diálogos e fazia as devidas anotações.

Foram observados, com mais foco, quais os principais sinais utilizados, como os participantes utilizavam as expressões faciocorporais e que recursos de linguagem estavam envolvidos no processo comunicativo. Porém, durante a realização das perguntas, estruturadas previamente, conforme o mediador observava as respostas, incluía alguns questionamentos e dinâmicas paralelas. O intuito era testar algumas questões da eficácia comunicacional da Libras, apresentadas ao longo desta pesquisa.

Figura 16 – Pesquisador-observador acompanhado do orientador Prof. Dr. Roberto Chiachiri

Fonte: acervo pessoal

Assim, de modo dissertativo, seguem as perguntas e o desenrolar de cada uma delas, com análise sobre os dados colhidos ao longo de todo esse processo:

a) Cada participante pode, por favor, apresentar-se para os demais?

Ao iniciarem as respostas da primeira pergunta, alguns participantes foram levados a se aprofundarem no assunto. Um dos participantes expôs sua questão familiar antecedendo-se à próxima pergunta. Tal sujeito apresentou-se aos demais e emendando sua fala afirmou que a razão pela qual sabia falar Libras era por ter um filho surdo. Ao ser questionado pelo mediador sobre sua experiência em ter um filho surdo, o participante informou que decidiu com toda sua família procurar aprender a língua de sinais desde a infância do filho para que o processo de comunicação fosse natural entre todos os membros da casa.

Conforme esse participante realizava sua fala em Libras, observou-se que desde o início sua boca se movimentava simultaneamente, porém sem emitir sons.

Foi notório que todos os demais participantes que também tinham familiares surdos, desde o começo das apresentações, igualmente movimentavam a boca para falar quando se expressavam em Libras. Porém, o pai do surdo, em particular, também chegou a realizar, em determinados momentos, alguns sinais conforme falava em português. Isso ficou evidente quando o sujeito afirmou sobre seu contato com a comunidade surda. Ele comentou que já havia realizado diversas festas em casa com muitos surdos, amigos do filho, bem como tinha relação próxima com alguns pais surdos desses mesmos amigos, uma vivência que lhe deu mais propriedade, tanto para se expressar melhor sobre a comunidade surda como também para se comunicar em Libras.

Em certo momento, no fim do grupo focal, o sujeito até pediu desculpa aos demais pelas vezes que falou em sinal mesmo quando estava falando português. E explicou que isso era normal para ele, pois em encontros familiares os membros ouvintes quando falam em português com os outros ouvintes sempre tentam, simultaneamente, sinalizar as frases para que o surdo, quando presente, consiga acompanhar o que está sendo conversado. Algo que certamente não é fácil de fazer, mas que por outro lado contribui com o desenvolvimento cognitivo desses indivíduos.

Ressalta-se que uma pessoa bilíngue normalmente desenvolve melhor suas habilidades linguísticas devido à sua necessidade de comunicação, valorizando, assim, o processo criativo e cognitivo (Tafarel, 2018). Além disso, segundo a autora, ter o conhecimento de uma segunda língua é a garantia de que o indivíduo terá maiores chances de conhecer novas culturas, pessoas e histórias.

E assim, como aquele pai participante, os outros familiares de surdos também tiveram seus momentos de simultaneidade entre utilização do português e a língua de sinais.

Fatores como a movimentação da boca, mesmo quando sem a emissão de sons, a ordem como desenvolvia os gestos para acompanhar tal movimentação, além da própria língua de sinais e todas as expressões corporais utilizadas, reforçaram a importância das diversas linguagens que eram utilizadas no processo interacional. Certamente, os estudos de translinguagem apresentados até aqui deram condições para observações como essa.

A prática da linguagem humana, pensada de forma heterogênea, de fato contribui para uma maior compreensão dos diferentes fenômenos linguísticos presentes nas comunicações sociais, como evidenciado por Scholl (2020), fenômenos que transcendem os limites de diversas linguagens e de diversos meios de produção de sentido e que, por certo, existem também por conta das interações sociais e experiências vividas pelos indivíduos.

De acordo com Bagno e Rangel (2005):

> Conjunto de fatores socioculturais que, durante toda a existência de um indivíduo, lhe possibilitam adquirir, desenvolver e ampliar o conhecimento de/sobre sua língua materna, de/sobre outras línguas, sobre a linguagem de um modo mais geral e sobre todos os demais sistemas semióticos (Bagno; Rangel, 2005, p. 63).

No caso do participante que possui um filho surdo, há o espaço familiar como ambiente de socialização e construção de interações conectadas por mais de uma língua, algo que colabora com a perspectiva cultural translíngue direcionada a ouvintes que reconhecem e valorizam a Libras, tanto em seu caráter interacional quanto linguístico. Contextos que agregam todo um processo comunicacional.

Para Pereira, Silva e Guimarães (2020) translinguagem se caracteriza

> Como uma competência performativa que colabora na eficiência da comunicação e que só é possível devido à capacidade do ser humano de alinhar recursos cognitivos, sociais e físico-contextuais (Canagarajah, 2013 *apud* Pereira; Silva; Guimarães, 2020, p. 213).

Portanto, entre os aportes comunicacionais que a Libras oferece ao ser utilizada entre ouvintes, percebe-se que há uma rica contribuição dos estudos relacionados à translinguagem, assim como um evidente ganho no processo de desenvolvimento cognitivo desses indivíduos.

Figura 17 – Discussão do grupo focal

Fonte: acervo pessoal

b) Qual motivo levou você a aprender Libras?

Nessa pergunta, os familiares de surdos apenas fizeram complementações de suas experiências com a língua de sinais, pois já haviam esclarecido suas respectivas razões em aprender Libras. Logo, acabaram nesse momento focando em seus processos de aquisição. Mais uma vez, esses membros do grupo já estavam se antecedendo à próxima pergunta. Mas não era possível interrompê-los, pois a ansiedade e a satisfação desses participantes em contar sobre suas vidas e terem a oportunidade de falarem apenas em sinais com outros ouvintes eram notórias.

Dos demais participantes, todos tiveram alguma necessidade social que despertou o interesse em aprender a Língua Brasileira de Sinais. Um exemplo pode ser relatado de uma participante que é enfermeira e que manifestou sua frustração em trabalhar numa grande rede de saúde que, apesar de atender muitos surdos, não possuía nenhum intérprete de Libras, tampouco funcionários que desejavam aprender a língua de sinais. A participante informou que, por conta própria, decidiu fazer cursos de Libras, contudo, como seu contato é mais restrito ao local de trabalho e aos surdos que porventura aparecem, tinha dificuldade de entender sinais que conhecia, mas que às vezes eram realizados de maneira diferente da aprendida em sala de aula.

Algo interessante de se observar e analisar, pois até o momento era visível que os participantes familiares de surdos utilizavam mais expressões faciais e corporais que os demais. As interações sociais, por serem diferentes, apresentam vínculos diferentes que, por sua vez, desenvolvem questões relacionais específicas do indivíduo com seu próprio grupo.

Como dito no segundo capítulo, há aí um agir comum que fornece à comunicação um auxílio em organizar e se deixar organizar o ordenamento simbólico do mundo que cerca o indivíduo (Sodré, 2014). Algo que dá mais sentido aos laços criados dentro da comunidade em que se está inserido, gerando vínculos sociais, mas, acima de tudo, comunicacionais. Pois há uma língua e toda uma linguagem em volta, responsáveis por mediações simbólicas, de caráter consciente ou inconsciente.

De acordo com Sodré:

> No âmbito radical da comunicação, essas mediações não se reduzem à lógica sintática ou semântica dos signos, porque são transverbais, oscilantes entre mecanismos inconscientes, palavras, imagens e afecções corporais (Sodré, 2014, p. 6).

Dessa maneira, percebe-se que as relações conduzem abordagens específicas de acordo com os vínculos comunicacionais do indivíduo.

c) Como foi o aprendizado da língua de sinais?

Como já comentado, um ouvinte aprende a falar em língua de sinais, pois deseja ou necessita se comunicar com algum surdo. Seja por questões profissionais, como é o caso de intérpretes, psicólogos e fonoaudiólogos, ou por questões familiares e de amizades.

Além da participante enfermeira, havia ainda uma participante fonoaudióloga e um outro que prestava serviços voluntários num orfanato que abrigava crianças surdas. As duas profissionais tiveram um aprendizado mais teórico, com um processo de aprendizado voltado para cursos específicos da língua de sinais. O prestador de serviços, por já ter vínculos de amizades com outros indivíduos surdos, adquiriu a fluência por meio da prática, tendo um aprendizado mais empírico que lhe proporcionou maior proximidade nas relações comunicacionais. Em outras palavras, esteve envolvido em um processo de aquisição linguística.

Por ter mais contato com a comunidade surda, este último, como já observado, utilizava bastantes expressões corporais em suas falas. Entretanto, mesmo com menos expressões, os participantes que não tiveram tanto envolvimento com a comunidade surda em seu processo de aquisição linguística também apresentavam certas expressividades, principalmente faciais. Estes, com menos contato diário com surdos, informaram que o desenvolvimento e aperfeiçoamento da língua de sinais na prática era mais difícil, pois a falta de contato com quem fala Libras deixava o processo mais moroso.

Uma das participantes comentou que estava ensinando o filho ouvinte a falar em língua de sinais, pois em certas situações como quando estão em um lugar barulhento, fica mais fácil se comunicarem, além do fato de poder treinar mais sua fluência. Um fato bem interessante, porque se por um lado a mãe ouvinte passou por um processo de aprendizado por conta da maneira como aprendeu a língua, seu filho ouvinte passou por um processo de aquisição propriamente dito, pois aprendeu com a vivência e por meio de situações práticas do dia a dia.

Em relação aos participantes familiares de surdos, o mediador quis explorar melhor o vínculo e entendimento que a pessoa tinha com/sobre a cultura surda, em especial, quando relacionada ao uso da Libras.

Alguns mostraram que fora difícil a aquisição, pois não tiveram apoio de outros familiares ouvintes para aprenderem juntos a língua de sinais. Um deles em específico até comentou a questão do preconceito que existia dentro da própria casa, o que se tornara algo desanimador àquele que desejava aprender a língua de sinais para se comunicar com seu familiar. Esse desânimo transformou-se claramente em um sentimento de frustração por ser o único ouvinte da família que falava em sinais. Tal sentimento era evidente, pois, como dito, esses participantes utilizavam recursos corporais como parte de sua linguagem.

Por outro lado, às vezes o nervosismo tomava conta das falas dos participantes, principalmente dos que tinham vínculos profissionais com surdos. E mesmo que estes não utilizassem tanto as expressões corporais como os demais, um olhar mais cauteloso, uma sobrancelha mais elevada e mãos trêmulas faziam com que seus sinais, por hora, se confundissem com o que desejavam dizer, mesmo quando oralizavam o português. Mesmo assim, nesses momentos, a comunicação era clara.

Por meio de gestos e sinais faciocorporais, pode-se dizer que o corpo por si só fala. Relembrando o que já foi dito no primeiro capítulo, de acordo com Matschanig (2013), grande parte do que queremos dizer durante uma conversa muitas vezes é reforçado por meio de nossa postura, expressões corporais, movimento da boca e até dos olhos; sinais que o corpo produz e que podem fortalecer ou até contradizer as palavras ditas oralmente.

Decerto, pode-se dizer que o corpo humano em sua totalidade apresenta condições claras de se comunicar. Essa linguagem de sinais pode contribuir para o entendimento das palavras que são ditas em português ou faladas em Libras.

Ao fim dessa rodada de respostas, observou-se também o contato físico que os participantes tinham uns com os outros. Mesmo sem se conhecerem, voluntária e involuntariamente, os participantes encostavam suas mãos por vezes nas costas, por vezes nos ombros do indivíduo que estava do lado. Nada ofensivo nem prejudicial à comunicação. Algo até comum de se observar durante esse tipo de processo comunicativo, principalmente para aqueles que tinham mais vivência com surdos, uma vez que é comum perceber a presença do contato físico entre esses indivíduos quando se comunicam. Por ser um contato habitual que acontece de maneira natural, já que utilizam as mãos para falar e o corpo para se expressar, não se constatou problemas gerados por conta dessa questão. Em determinado momento, um participante pediu ajuda a outro para explicar o que desejava falar, mostrando necessitar especificamente da questão corpórea.

Contudo, mesmo para os ouvintes, recursos de linguagens como expressões corporais e contato físico são elementos de interações próprias da capacidade que o corpo humano apresenta na sua relação com o processo de comunicação. Interações essas mais percebidas quando se trata da emissão de mensagens não verbais, pois toda essa movimentação corpórea agrega à comunicação social uma possibilidade a mais de entendimento entre os indivíduos.

Para aqueles casos em que há mais utilização de expressões e controle do uso do corpo, como o observado entre os participantes familiares de surdos, existe uma confiança maior na hora de se comunicar. Principalmente nas situações quando se referiam a si próprios, foi notório o uso do corpo para se expressarem.

Para Weil (2015):

> Convém lembrar que estas atitudes, quando mais ou menos permanentes, são fáceis de observar. Mas o corpo fala sempre no Indicativo Presente, no "aqui e agora", e o que diz pode durar apenas um breve instante (Weil, 2015, p. 120).

Nesse sentido, faz-se necessário se atentar a cada recurso de linguagem, a cada sinal, linguístico ou de expressão, transmitido em uma conversa para que a comunicação seja mais eficiente e a interação promova mais proximidade.

Figura 18 – Dinâmica realizada entre os participantes do grupo focal proposto

Fonte: acervo pessoal

d) Quando não se conhece um sinal em Libras, como você se expressa para falar a palavra que deseja?

Com o desenrolar do grupo focal, os participantes começaram a conversar entre si naturalmente por meio da língua de sinais. Cada um e cada uma mostrando um sinal aparentemente pouco utilizado no dia a dia, testavam o conhecimento dos sinais entre eles. Em certo momento, um dos participantes começou a falar somente em português, pois não estava conseguindo se expressar por meio de sinais. De maneira automática, outro participante se manifestou em Libras e em português ao mesmo tempo.

Não é incomum um ouvinte fluente em Libras falar português ao mesmo tempo que executa os sinais, mas por outro lado, é uma prática que facilmente provoca equívocos e confusões na transmissão de informação.

Com isso, em questões de segundos o participante migrou seu discurso para somente a Língua Portuguesa, ficando visível que o fez para não se atrapalhar, agilizar sua fala e facilitar o entendimento mútuo do grupo.

O mediador pedindo um pouco de foco à resposta em si aproveitou o momento e solicitou que cada indivíduo falasse em português uma palavra em específico em que não conhecesse seu respectivo sinal em Libras. Assim, ao falarem, pediu-se que tentassem por meio da língua de sinais explicar como o participante se expressaria para dizer a palavra.

A maioria demonstrou uma prática comum – até mesmo para os surdos quando estes desconhecem o sinal de uma palavra em específico – que é o ato de soletrar. Mais especificamente, a datilologia.

Conforme citado no primeiro capítulo desta pesquisa, a datilologia, dentro do estudo da Libras é um recurso da língua de sinais e não a língua por completo, tendo sua função específica em determinados contextos (Pinto, 2012, p. 48).

Segundo o autor:

> Em geral, é um grande erro comparar o alfabeto manual com a Língua de Sinais. Este recurso é muito utilizado para explorar nomes próprios, palavras científicas, lugares ou elementos que ainda não têm sinal. Utilizar este meio significa que estaremos soletrando as palavras através do alfabeto manual, a qual também chamamos de DATILOLOGIA.

Desse modo, tornou-se evidente que os ouvintes ali presentes entendiam a comunidade surda, pois utilizavam uma linguagem da sua cultura. Os participantes ainda comentaram (utilizando apenas a Libras) que recorriam predominantemente ao recurso de datilologia quando não sabiam o sinal específico de uma palavra durante uma conversa com um surdo.

Além desse recurso linguístico, os participantes disseram que sempre acabavam fazendo algumas mímicas e expressões corporais para preencher uma frase que continha um sinal desconhecido por eles.

Nesse cenário observado, percebeu-se que desde o início, junto às respostas, surgiam sinais que às vezes só um ou outro participante conhecia. Nessas ocasiões ficava mais evidente a observação de expressões faciais dos demais indivíduos quando tinham alguma dúvida ou desconhecimento daquilo que era dito. Assim, o mediador explorava um assunto ligado ao sinal, trazendo sinais parecidos e também pouco conhecidos.

Uma situação particular foi quando o mediador fez o sinal da palavra TESE em Libras. Apenas um participante sabia, devido ao seu envolvimento acadêmico. Decerto, nem sempre ouvintes sabem dizer exatamente o que é uma Tese, contudo, a questão percorria o fato de ninguém no grupo focal saber qual sinal era dessa palavra. Assim, o mediador fez uma dinâmica com o grupo, pedindo para o participante que conhecia o sinal se afastar dos demais, cerca de 8 metros de distância.

O mediador ligou um rádio portátil colocando uma música ambiente em alto volume no meio da sala, e pediu para o participante que sabia o sinal de TESE, tentar falá-la em português, com tom de voz normal, sem forçar sua voz ou gritar.

Ao iniciar a dinâmica, nenhum participante conseguiu compreender de fato a palavra dita. Como ninguém conseguia escutar o que o participante falava, alguns tentaram ler os lábios, mas o formato da boca também dificultava a leitura/compreensão. Como era uma palavra curta e com estrutura sonora próxima entre as letras e sílabas, os demais sujeitos arriscavam um acerto dizendo palavras aleatórias como ÉTICA, DESDE, CASA, entre outras. O mediador pediu, em Libras, para que o participante que estava distante soletrasse a palavra. Imediatamente, conforme o fez, todos os demais entenderam. Entendendo não somente o que era o vocábulo que se tentava falar, como também compreendendo o significado de seu sinal em Libras.

Um segundo teste foi feito com uma das participantes que fez o sinal de ICÔNICO, e como os demais não o conheciam, o mediador repetiu a dinâmica. O som do rádio estava muito alto, atrapalhando a percepção auditiva dos ouvintes. Assim, tentando mais uma vez recorrer à leitura labial, os participantes arriscaram palavras como ÚNICO, LAGOA, CANÔNICO, entre outras. E da mesma forma que a primeira vez, a participante soletrou a palavra e todos entenderam automaticamente do que se tratava.

A questão da distância envolvendo o espaço físico realmente atrapalhou a comunicação oralizada. De fato, havia um som alto no ambiente, mas caso estivessem a muitos metros de distância, o som da voz por si só já seria um fator de impedimento à compreensão daquilo que se tentara dizer.

Nos estudos da comunicação proxêmica, temática que busca compreender a linguagem existente no espaço físico entre indivíduos presentes num determinado espaço social, percebe-se que a linguagem corporal é predominante quando relacionada à transmissão de informações. Como já visto no primeiro capítulo, a linguagem não verbal tem efeitos significativos em um processo comunicacional, contribuindo com as relações interpessoais advindas das interações sociais.

Para o antropólogo e pesquisador americano Edward Twitchell Hall, conhecido por criar o conceito da comunicação proxêmica, apesar de não se ter com exatidão a quantidade de informações que podem ser recolhidas pelos olhos, sabe-se que ela é bem maior do que as captadas pelos ouvidos (Hall, 1977).

Segundo o pesquisador:

> O nervo ótico contém, aproximadamente, dezoito vezes mais neurônios do que o nervo coclear, supomos que ele transmite, pelo menos, maior número de informações. Na verdade, em indivíduos normalmente alertas, é provável que os olhos sejam até mil vezes mais efetivos do que os ouvidos, no recolhimento de informações (Hall, 1977, p. 50).

Desse modo, ao incluir a questão da distância entre indivíduos ouvintes que estão se comunicando em Libras, percebe-se que independentemente da distância as chances de a mensagem ser transmitida são maiores quando há interações visuais. Para Hall (1977) a área que o ouvido pode efetivamente cobrir, sem ajuda tecnológica, é bastante limitada no curso da vida diária, sendo que em até seis metros uma audição padrão ainda é bem eficiente no processo comunicacional, após isso o desenvolvimento de uma conversa compreensível se torna mais lenta proporcionalmente à distância existente entre os indivíduos falantes.

Segundo o autor, com o distanciamento físico

> [...] as chaves auditivas que o homem põe em funcionamento começam rapidamente a entrar em colapso. O olho nu, por outro lado, recolhe um número extraordinário de informações (p. 51).

Tratando-se de um diálogo realizado com a língua de sinais, o que mais se leva em conta para uma melhor eficácia comunicacional é o conhecimento que cada um terá dos sinais realizados e de seus respectivos significados expressivos e culturais.

Além da distância, com a dinâmica realizada no momento desta pergunta, ficou evidente que o barulho do ambiente pode prejudicar o entendimento pela audição, porém seguindo a compreensão do que se fala quando utiliza os sinais, percebe-se que a poluição sonora não afeta o desenvolvimento da conversa nem de sua compreensão.

e) Quando você conversa de forma oral com outro ouvinte, você utiliza de gestos e outros recursos miméticos?

Ao iniciar a última pergunta, o mediador foi abordado por um dos participantes em relação à questão do barulho. Sua intervenção fora pertinente e objetiva. O participante comentou que o que mais o incomodou durante a conversa a distância em Libras não foi a intensidade do som emitido pelo rádio portátil, mas sim a permanência do barulho.

Desde o início do grupo focal, os indivíduos estavam em um ambiente silencioso, sem interferências de sons externos. As primeiras conversas feitas somente em língua de sinais permaneciam até mais silenciosas do que uma roda de conversa com surdos. O surdo, por não escutar o som das coisas, muitas vezes faz mais barulho que o normal em suas ações diárias, como o mexer de uma cadeira de forma brusca ou o movimentar de objetos pesados, o que é certamente compreensivo devido à sua falta de audição. Isso sem contar os sons que muitos surdos fazem com a voz quando falam por meio de sinais. É comum um surdo fazer sons com a boca conforme sinaliza, numa espécie de completar o que está querendo dizer, e por não ouvirem o que pronunciam, por vezes também acabam emitindo sons mais altos.

CONEXÕES SILENCIOSAS

Os ouvintes participantes do grupo focal, por terem a percepção auditiva mais presente, mesmo quando movimentavam a boca para acompanhar suas falas em sinais, não emitiam sons.

O que também chamou atenção na intervenção do participante que havia comentado sobre o barulho foi que quando da comunicação feita por gestos e sinais entre ouvintes, os sons aleatórios que surgiam, como um barulho de carro vindo da janela, acabavam atrapalhando o raciocínio linguístico e tirando a atenção do ouvinte que falava a Libras.

Em outras palavras, observou-se que uma conversa em língua de sinais realizada somente entre ouvintes terá uma barreira comunicacional que é a presença de sons ambientes. Pois o ouvinte perceberá as interferências sonoras e, consciente ou inconscientemente, poderá perder o foco do que está sinalizando e do que está vendo ser sinalizado, diferentemente de um surdo, que não corre o risco de se atrapalhar com os barulhos que existem ao seu redor quando está falando a língua de sinais.

Essa "falha" no processo comunicacional de ouvintes que estão utilizando a língua de sinais evidencia as respostas dos participantes que assumiram realizar a prática de alternar as línguas que dominam durante suas interações sociais cotidianas. Prática essa que se traduz como uma forma de alternância de códigos linguísticos, conhecida também como code-switching.

Para Li Wei (2018) o code-switching é um processo que acontece de forma espontânea entre bi/multilíngues que compartilham das mesmas línguas, sendo alternâncias linguísticas que ocorrem em episódios comunicativos específicos.

Contudo, percebe-se nas análises realizadas que os conceitos de code--switching e translinguagem coexistem. De acordo com Li Wei (2018) a translinguagem difere do code-switching por ser um método analítico que permite explorar como as pessoas usam diferentes recursos linguísticos, semióticos e cognitivos. Enquanto o conceito em si de code-switching não abrange esses estudos, pois foca em análises estruturais e funcionais do processo integrador de sistemas gramaticais diferentes. O linguista afirma ainda que os dois conceitos podem ser utilizados em distintas circunstâncias, coexistindo mesmo com propósitos diferentes.

Com isso, retornando à estrutura prática do grupo focal, ao se iniciarem as respostas da última pergunta, afirmações e colocações específicas foram feitas pelos ouvintes, referente às suas formas de se comunicarem no dia a dia.

Relembrando:

Quando você conversa de forma oral com outro ouvinte, você utiliza de gestos e outros recursos miméticos?

Sim! De maneira unânime todos os participantes informaram que não só utilizam gestos, expressões e recursos de linguagem não verbal, como também fazem uso da própria língua de sinais quando conversam com outros ouvintes, mesmo que estes não saibam Libras. Aliás, os participantes que não são familiares de surdos informaram que ensinaram alguns sinais específicos para os membros de sua casa na intenção de facilitar e agilizar a comunicação entre eles em determinadas situações, principalmente quando são sinais que conseguem expressar mais emoção do que as palavras que elas significam. Como foi o exemplo dado pela participante das palavras TRISTE, CALMA E RELAXA, que são intrinsicamente ligadas a uma expressão facial. Sinais respectivamente apresentados a seguir:

Figura 19 – Sinal de triste

Fonte: acervo pessoal

Figura 20 – Sinal de calma

Fonte: acervo pessoal

Figura 21 – Sinal de relaxar

Fonte: acervo pessoal

    Além disso, a maioria constatou que utiliza classificadores, às vezes involuntariamente, para se expressar durante uma conversa cotidiana.

    Nos estudos da Libras, "os classificadores assumem caráter descritivo e especificador dentro do discurso sinalizado" (Fernandes, 2018, p. 212). Ou seja, um recurso utilizado para classificar sujeito ou objeto ligados a uma ação, como, por exemplo, intensificar ou quantificar uma palavra.

    Portanto, os participantes disseram ser muito comum realizarem expressões faciais e classificadores para enfatizarem uma situação ou algo específico que estão falando, mesmo que seja com um ouvinte. Prática gestual que já faz parte da comunicação desses sujeitos, certamente fortalecida pelo vínculo que estes possuem com a língua de sinais, com a comunidade surda e com a sua cultura.

Analisaram-se também determinados sinais de palavras que os participantes utilizavam com grande frequência em diálogos do cotidiano, entre vários deles: casa, beijo e tchau. Representados, respectivamente, nas imagens a seguir:

Figura 22 – Sinal de casa

Fonte: acervo pessoal

Figura 23 – Sinal de beijo

Fonte: acervo pessoal

Figura 24 – Sinal de tchau

Fonte: acervo pessoal

Sinais icônicos, que podem facilmente serem entendidos e até realizados por qualquer ouvinte que não possua aquisição da Libras. Beijo e tchau, aliás, sendo sinais que uma das participantes mencionou utilizar em substituição da palavra falada em português, mesmo quando num diálogo com outro ouvinte.

Como muito abordado, os sinais realizados na Libras, por seus característicos aspectos visuais, tendem automaticamente a promover mais associações com os objetos do mundo externo do que palavras ditas oralmente, representando muitas vezes o que se deseja expressar de forma mais clara e objetiva. Assim, faz sentido os ouvintes com fluência em Libras acabarem utilizando certos sinais durante suas conversas com outros ouvintes, mesmo que estes não conheçam a fundo a língua de sinais.

Outro fato curioso a ser observado foi quando, ao finalizar a roda de conversa, alguns participantes agradeceram a oportunidade de viverem uma experiência até então única: conversarem em libras somente com outros ouvintes. Nesse momento, devido ao horário, para não estenderem o tempo, eles fizeram sinais junto ao português e em certos momentos deixando de oralizar palavras e substituindo-as por sinais. Alternância feita com intuito claro de acelerar o que se desejava dizer.

Desse modo, até no último instante da realização do grupo focal, foi possível analisar como a língua de sinais pode ser uma facilitadora comunicacional entre os ouvintes.

4.1.3 Ponderações do grupo focal

O principal objetivo em realizar o grupo focal foi o de buscar comprovar a eficiência da Libras como mais uma língua a ser utilizada nas interações e comunicações entre indivíduos ouvintes. Com intuito de analisar questões específicas apresentadas ao longo de toda a pesquisa, pretendeu-se utilizar uma metodologia que trouxesse espontaneidade dos envolvidos, enriquecendo-a com dados coletados por meio de um processo qualitativo.

Com a intenção de coletar dados como os tipos de sinais utilizados pelos ouvintes, os recursos corporais e linguísticos, expressões e linguagens envolvidas no processo comunicativo, entre outras informações anteriormente evidenciadas e analisadas, planejou-se realizar comparações com os estudos apresentados até o presente momento, bem como com o que o estado da arte revela.

Desse modo, decidiu-se realizar uma descrição de toda a ação, entendendo que haveria mais riqueza de detalhes e mais clareza no fornecimento dos dados coletados. Apresentar uma tabela meramente prognóstica em resposta a cada indicador analisado não demonstraria quão profundo o recurso de observação fora. Não seria possível, também, expressar as peculiaridades que uma roda de conversa em língua de sinais traz em seu contexto comunicacional.

Diante disso, ao apresentar os sinais e diversos recursos de linguagens utilizados no processo de comunicação dos participantes, comprovou-se que uma língua oral e uma língua visuoespacial podem coexistir e serem complementares às suas pluralidades interpretativas. Assim, faz-se uma importante ressalva: ao longo de todo este estudo e pesquisa, o objeto sempre fora a Libras como facilitadora comunicacional entre ouvintes. Ou seja, a Língua Brasileira de Sinais como um processo de interação utilizado por ouvintes com intuito de facilitar e tornar mais eficaz a comunicação social entre eles, e não compreender a Libras como substituta da Língua Portuguesa.

Portanto, buscamos pensar a língua de sinais e o português como complementares uma ao outro, em que há um aproveitamento do bilinguismo e de toda a translinguagem existente em torno da comunicação verbal e não verbal entre ouvintes.

O fato de esses indivíduos terem como língua materna o português deixou claro que ao adquirirem a Libras passam a utilizá-la para melhorar a comunicação interpessoal, tornando seus discursos mais eficazes e produtivos – confirmação constatada com base na existência de alternância no uso das línguas, recurso que se fez presente durante toda a ação expositiva.

A realização do grupo focal colaborou significativamente com a evolução da pesquisa, dando sentido também aos estudos que perpassaram as áreas da sociolinguística e semiótica, fornecendo aportes para as reflexões acerca dos vínculos comunicacionais que a Libras pode promover.

Destarte, colocações pontuais sobre os benefícios que a Língua Brasileira de Sinais oferece durante uma conversa entre ouvintes ajudaram a corroborar a asserção de sua eficiência na comunicação social, sendo as principais delas: a possibilidade de um melhor entendimento comunicacional quando em um diálogo ocorrido em ambiente com muita poluição sonora e/ou quando ocorrido com distância física entre os interlocutores; a velocidade que uma conversa pode se desenvolver e a agilidade na comunicação; maior capacidade interpretativa e praticidade em representação de significados; além, é claro, da possibilidade de maior desenvolvimento cognitivo por utilizarem mais de uma língua ao se comunicarem.

Benefícios esses apresentados no grupo focal, que permitem fundamentar que a Libras seja uma facilitadora comunicacional entre ouvintes.

4.2 Um facilitador comunicacional entre ouvintes

Com uma questão-problema clara e objetiva, dedica-se transpor, de maneira unificada, os principais pontos de temas que forneceram base para as respostas ao questionamento: a Língua Brasileira de Sinais pode ser uma facilitadora comunicacional entre ouvintes?

Discutir a possibilidade de uma língua de sinais pertencer a um processo comunicacional, onde já existe uma língua oral, é propor ao indivíduo ouvinte refletir sobre seus recursos linguísticos próprios e a forma como utiliza as linguagens durante suas interações sociais.

Com objetivo de apresentar a Libras como uma alternativa linguística à comunicação entre ouvintes, lembra-se que estes possuem a Língua Portuguesa como primeira língua, e por vezes, mesmo com conhecimento da língua de sinais poderão não reconhecer que esta seja facilitadora comunicacional.

No entanto, ao pensar em todos os aspectos ligados à utilização da Libras e na sua existência, perceberemos que ela integra um processo de comunicação muito maior, sendo um importante elemento de interação social capaz de facilitar a compreensão comunicacional entre indivíduos ouvintes

Diante disso, entende-se que a Libras não seja isoladamente uma facilitadora comunicacional, mas sim UM facilitador, pois ela representa muito mais que apenas uma língua.

4.2.1 Uma alternativa linguística

Falar mais de uma língua traz diversos ganhos para o indivíduo; entre eles, os sociais e os comunicacionais, como já mencionados anteriormente. Contudo, o bilinguismo, por assim dizer, vai além de reflexões acerca da funcionalidade em uma comunicação. Como dito, questões cognitivas e psicológicas também são aportes consideráveis ao indivíduo que possui fluência em mais de um idioma.

Para Rubio-Fernández e Glucksberg (2012), um indivíduo que sabe se comunicar em mais de uma língua é capaz de se imaginar no lugar dos outros, desenvolve mais autonomia e também a alteridade. Possui ainda mais facilidade em respeitar as diferenças e pontos de vista alheios. Em outras palavras, acaba tendo mais empatia durante suas interações, algo que, de certa forma, contribui para seu convívio social.

Os pesquisadores explicam que essas vantagens psicológicas surgem, pois o bilinguismo colabora com a mente em um processo de bloquear informações que já se conhece, no intuito de procurar colher novas informações quando estas aparecem durante a comunicação (2012).

Ou seja, quando um monolíngue adquire uma nova língua, a ele se possibilita a utilização de mais de um idioma, escolhendo qual deles usará e em qual momento. Tanto de forma subconsciente quando consciente, sabe-se que o bilinguismo/multilinguismo fornece virtudes que resultam em maior flexibilidade mental, contribuindo com as habilidades sociais dos indivíduos.

Evidencia-se então que um bilíngue apresenta mais recursos comunicacionais do que alguém que só compreende uma língua; sendo assim, as interações sociais se instituem mais facilmente para esses indivíduos. Como esclarecem Sinelli e Souza (2005), um indivíduo bilíngue possui mais recursos para se comunicar com diferentes pessoas, condição que facilita o estabelecimento de novas relações sociais.

No entanto, ao pensar nos mais diversos recursos utilizados em uma comunicação, inclui-se inevitavelmente as questões de linguagens. Como mencionado por Scholl (2020), é preciso entender que a linguagem humana por si só já é envolta por uma organização múltipla de processos que possibilitam interações que transcendem dinâmicas e práticas sociais comuns. Ou seja, o fator translinguagem se apresenta de forma mais clara e objetiva quanto ao esclarecimento de suas abordagens comunicacionais.

Como a translinguagem permite uma compreensão de diferentes fenômenos linguísticos, que por sua vez transpassam as fronteiras de diversas linguagens e diversos meios de produção de sentidos, ela também fundamenta a eficácia comunicacional presente quando da utilização de duas línguas intercaladas.

No caso de um ouvinte que adquiriu a Libras como sua língua, já se tem a presença de pelo menos mais um idioma, o português, em suas interações sociais. Diante disso, ao utilizar ambas as línguas durante o processo comunicacional, o indivíduo se favorece de recursos linguísticos e de linguagens diversas para melhor se expressar. Pois além de tudo, estará atuando com uma língua oral e outra de sinais, aumentando significativamente seu repertório de linguagem.

O indivíduo escolhe, dentre os idiomas que domina, qual deles usará para determinada situação, de acordo com o que deseja expressar. Desse modo, percebe-se que há uma habilidade particular em se dispor de mais escolhas comunicacionais, já que, dependendo do contexto, o conhecimento linguístico do indivíduo lhe permite utilizar mais de uma língua ao mesmo tempo.

Segundo Kroll e Groot (2009), o bilíngue/multilíngue, em seu processo comunicativo, tem uma capacidade única de alternar o uso de diferentes línguas dentro do mesmo discurso, integrando-se às interpretações que deseja expressar. E mesmo quando não pronuncia as palavras, em sua mente a alternância linguística está sendo trabalhada.

Dessa maneira, compreende-se que nas interações de ouvintes que possuem domínio da Libras e da Língua Portuguesa, haverá diferentes processos linguísticos e de linguagens. Processos esses que possibilitam uma alternância na utilização dessas línguas, tornando-as não apenas alternativas linguísticas, mas também alternativas de linguagem durante o processo de comunicação desses indivíduos.

Como não há uma substituição entre os idiomas, mas sim um complemento ao aproveitar suas pluralidades interpretativas na comunicação social, entende-se que a Libras não passa a ser somente uma alternativa para substituir o português, mas sim um recurso para elevar a capacidade comunicacional nas relações interpessoais.

4.2.2 A Libras onde merece estar

Quando a sociedade brasileira se refere à Libras, as questões linguísticas e comunicacionais prevalecem. Associações de uma língua gesto-visual relacionada a um grupo específico (comunidade surda), a justificativa de sua utilização em relação à necessidade comunicacional desse público, e a consideração de que só há a presença da Língua Brasileira de Sinais na sociedade por conta da existência de indivíduos surdos, são fatores claros e objetivos. Porém, não são pontos absolutos, tampouco incontestáveis.

Pensar na Libras focando-a restritamente à sua finalidade de comunicação, ou relacioná-la exclusivamente ao público surdo, mantém essa língua natural presa a uma bolha de discussões que não permite, ao indivíduo externo a ela, refletir sobre toda sua importância social, sua eficácia internacional e nem valorizar todo seu histórico.

Elevar um assunto de cunho social, como a presença de uma língua, requer que diversos públicos participem e contribuam com a promoção do debate, forçando os específicos núcleos de discussões (como a comunidade surda, acadêmicos, setores da educação, entre outros) a abrirem seus espaços para que outras vertentes possam ser também discutidas. Dentro das discussões sobre Libras, seria abrir o espaço aceitando que um ouvinte fale sobre ela, relacionando-a com outros ouvintes, na área da comunicação social.

Leva-se em consideração que o indivíduo ouvinte que não está familiarizado com o assunto Libras, não o está por não haver interesse ou uma necessidade específica em se aprofundar na questão. Dado que, mesmo se o ouvinte saiba de sua existência, pouco sabe sobre seu histórico, pouco entende sobre a cultura que a envolve e, provavelmente, desconhece sua funcionalidade enquanto processo de comunicação. Assim, torna-se compreensível um ouvinte não considerar que uma língua de sinais possa oferecer mais eficiência comunicacional às suas interações sociais. A opinião de um ouvinte quanto ao assunto estará ligada a uma questão que vem antes de obter as informações corretas. Porque antes do acesso, o indivíduo tem que ter interesse em buscar o conhecimento.

Para Farias (2019, p. 43):

> A opinião se forma diante do acesso a informações – aquelas oriundas de fontes sobre as quais o interlocutor opte por ter como base informacional, ou seja, a formação da opinião antecede ao processo da informação, seja pela escolha das fontes, seja pela capacidade de decodificação.

Desse modo, entende-se que um ouvinte que não compreende a Libras não a compreende porque não vai atrás de informações relacionadas a ela, mesmo sabendo de sua existência. Por outro lado, é justificável esse indivíduo não buscar o entendimento sobre o assunto, pois também não conhece toda sua importância. À vista disso, faz-se necessário valorizar suas referências legais, elevar sua importância social, e evidenciar sua capacidade comunicacional. Esses também, provocadores do trabalho realizado até aqui.

Alguns pesquisadores dizem que a Libras é do surdo. No entanto, esse autor confere a Língua Brasileira de Sinais como sendo do Brasil. Dessa maneira, pertencente a todos os brasileiros. Não se objetiva desmerecer toda a luta de um grupo social, bem como os espaços outrora conquistados. Certas questões culturais, de fato, associam a Língua Brasileira de Sinais (Libras) à comunidade surda, contudo, sua utilização não deve ser limitada a esse grupo. A criação de espaços e interações entre surdos e ouvintes no processo de comunicação permite que todos estejam imersos e envolvidos de forma natural, proporcionando visibilidade a todos os indivíduos participantes, independentemente do seu modo de comunicação.

Enquanto a sociedade como um todo não compreender essa língua como uma língua natural, com viabilidade de uso perante todos os indivíduos, não se discutirá a competência comunicacional dela.

Dessa forma, quando alcançado o esclarecimento de que uma língua de sinais possa ser um facilitador na comunicação social, a sociedade poderá discutir com mais propriedades algumas questões como: possibilidade de a Libras ser ofertada como disciplina obrigatória em escolas de ensino básico em âmbito nacional; cumprimento de lei existentes; reconhecimento social por órgãos e instituições públicas e privadas.

Sobre a questão de ensino, atualmente tem-se uma obrigatoriedade[16] em ofertar a língua inglesa a partir do ensino fundamental. Algo de fato surpreendente, não pela importância e relevância curricular que o inglês apresenta, mas pelo fato de se ter uma imposição nacional ao ensino de uma língua estrangeira, enquanto a Libras, que é uma língua brasileira, não ser difundida socialmente ao ponto de ter seu ensino obrigatório a todos os brasileiros.

Como muito mencionado, a Libras não tem seu devido reconhecimento na sociedade. A falta de estudos relacionados a essa língua quanto ao seu poder comunicacional por ouvintes distancia as discussões em diversos âmbitos. Valorizar sua existência é buscar espaços para sua presença. Seja em instituições de ensino, em equipamentos públicos e privados de saúde, em espaços culturais, e até mesmo na política. O lugar de uma língua brasileira é onde estão todos os brasileiros, surdos e ouvintes.

---

[16] *Lei n.º 9.394, 20 de dezembro de 1996.* Capítulo II, Artigo 26, inciso 5.º. Alterada pela Lei n.º 13.415/17.

119

CONSIDERAÇÕES FINAIS

O não (re)conhecimento da Língua Brasileira de Sinais na sociedade pode impedir que indivíduos ouvintes compreendam esse idioma de forma plena. Desde questões históricas a questões legais, a não valorização da Libras permeia as mais diversas áreas sociais. De maneira generalizada, há certo desinteresse da população sobre o assunto, contudo, por outro lado, há também falha nos meios e nas formas de sua divulgação. Certamente, isso se deve ao fato de que a maioria das pessoas na sociedade seja de ouvintes, e estes não foram, até hoje, o objeto base dessa discussão.

Dessa maneira, esta pesquisa teve por propósito apresentar, analisar e discutir a importância da Língua Brasileira de Sinais como meio de comunicação entre ouvintes, motivando-se pelo desenvolvimento do objeto central: a eficácia comunicacional da Libras entre indivíduos ouvintes, que, por consequência, os aproxima da comunidade Surda, facilitando, assim também, o processo de interação social. Refletiu-se ainda sobre questões linguísticas e de linguagens, identificando os aportes gerados pela sua utilização na comunicação social.

A busca em confirmar que a Língua Brasileira de Sinais pode ser uma facilitadora comunicacional entre ouvintes exigiu um percurso metodológico que incluiu levantamentos bibliográficos nos campos da linguística aplicada, da semiótica, de estudos de linguagens, e da comunicação social em si. Além de análise exploratória do objeto, houve também uma análise dedutiva sobre a legislação brasileira no que diz respeito à Libras quanto a seu espaço legal e social. Para fundamentar a hipótese de que uma língua de sinais pode facilitar a comunicação entre ouvintes, realizou-se uma pesquisa qualitativa por meio de um grupo focal, com objetivo de constatar que sua utilização propicia eficácia ao processo comunicativo desses indivíduos.

Quanto ao estado da arte, dentro da linguística aplicada, destaca-se os estudos da sociolinguística que contribuíram para uma maior compreensão da Libras enquanto língua natural. Esclarecimentos acerca de estruturas linguísticas específicas, como a diferença entre um dialeto e uma língua, uma língua e uma linguagem, por exemplo, forneceram subsídios para maior entendimento do que é a Libras, bem como seus conceitos e concepções diante da história e cultura relacionada a ela. Desse modo, ao elevar a presença de uma língua gesto-visual, espaço-visual em razão de suas propriedades linguísticas, pretendeu-se valorizar sua existência enquanto uma língua natural, estruturada e completa assim como qualquer língua oral.

A partir daí, os estudos de linguagens se mostraram fundamentais para a inserção da Libras no contexto de sua funcionalidade comunicativa à frente dos processos de interações sociais. Procurando relacionar os vínculos e benefícios comunicacionais que essa língua pode proporcionar entre seus falantes, desenvolveu-se uma linha de pesquisa voltada para questões de pertencimento e identidades, relacionando-a não apenas aos indivíduos que têm a Libras como primeira língua, mas a todos os demais participantes desse grupo.

Antes do aprofundamento nas questões de linguagens envolvidas, especificamente ao processo comunicacional a que a Libras pertence, realizou-se uma análise dedutiva das leis n.º 10.436 e n.º 10.098 e o decreto n.º 5.626. Essa análise teve por intuito subsidiar a proposta do autor em relação à relevância social da língua de sinais, objetivando valorizar a existência dessa língua brasileira ao garantir seu espaço legal, dando amparo à promoção para sua oficialização. Nessa linha de raciocínio, apresentou-se a Libras enquanto elemento de interação social, concentrando-a em uma pesquisa voltada ao campo de atuação comunicacional da língua. Ao abordar os processos de aprendizagem e aquisição linguística, propôs-se compreender os benefícios comunicacionais pelo uso da língua de sinais, desenvolvendo reflexões sobre o bilinguismo e a translinguagem. Questões que contribuíram para evidenciar que uma língua de sinais possui diversos recursos de linguagem, podendo oferecer diferentes possibilidades interpretativas e comunicacionais durante as interações sociais entre ouvintes.

Desse modo, constatou-se que a Libras propicia aportes no processo de comunicação social, integrando vantagens de sua utilização ao campo das linguagens visuais, destacando assim a eficiência comunicativa da língua de sinais nas relações interpessoais. Diante disso, realizou-se breve análise semiótica com intuito de reiterar a consideração de que a Libras seja um grande signo facilitador, uma vez que seu poder de representação permite melhores interpretações do mundo visual do que uma língua oral. Sendo assim, reflexões quanto aos signos linguísticos e a suas características representativas levaram à compreensão da capacidade comunicacional que a língua de sinais apresenta.

Com as considerações de todos os pontos favoráveis da Libras apresentados enquanto processo de interação, o grupo focal se tornou determinante para constatar a eficácia comunicacional da Língua Brasileira de Sinais entre ouvintes. A utilização desse método qualitativo possibilitou explorar questões específicas da língua e de respectivas linguagens existentes nas relações comunicacionais entre esses indivíduos. A ação permitiu que uma análise mais detalhada fosse feita sobre os benefícios que a Libras oferece à comunicação de seus falantes.

Destarte, o grupo focal fortaleceu as afirmações de que a Libras pode ser uma facilitadora comunicacional entre ouvintes. Ao sustentar a importância em também utilizar a língua de sinais em suas interações sociais, a pesquisa evidenciou que o indivíduo pode usar ambas as línguas, Libras e Português, para tornar sua comunicação mais eficiente e objetiva.

Assim, chegamos a resultados que preenchem lacunas no conhecimento existentes acerca do assunto Libras. Buscando um olhar inédito, esta pesquisa pretendeu promover a Língua Brasileira de Sinais nos campos de atuação da comunicação social, com a esperança de influenciar novas pesquisas e incentivar essa área a refletir sobre o assunto.

A Libras é uma língua. Ser amplamente abordada em estudos da linguística, em áreas correlatas e na área da educação não é surpresa, pois suas características comunitárias, culturais e sociais são constituintes à sua essência. Porém essa língua também é, sobretudo, um meio de comunicação, e juridicamente legal. Por que então é ainda pouco explorada na área acadêmica da comunicação? Mesmo que já mencionadas as questões de desinteresse, desconhecimento e não valorização da Língua Brasileira de Sinais pela sociedade, percebe-se que até para fins de estudos e pesquisas a ausência do debate mina novas abordagens.

Considera-se como maior limitação deste trabalho, justamente, a falta de pesquisas e discussões sobre a Libras na área da comunicação, em que o estado da arte se torna carente de conhecimento, desfalcado de mais referências e de análises mais objetivadas.

Decerto, provocar os campos sociais e acadêmicos a debaterem mais sobre o assunto contribuirá com sua promoção. Entretanto, a busca por sua valorização ainda permanecerá com diversas deficiências, sendo a maior delas o entendimento da população ouvinte de que aprender e adquirir a Libras pode melhorar e facilitar suas comunicações sociais, não se restringindo somente à sua aprendizagem limitada na intenção ou necessidade em se falar, exclusivamente, com um surdo, mas ampliar o repertório de comunicação em perspectiva para corresponder com a comunidade Surda.

Este trabalho não se esgota com esta pesquisa. Ao contrário, visa abrir o campo para futuros estudos concernentes à inclusão social, podendo afetar, com impacto significativo, o Estado da Arte.

REFERÊNCIAS

BANDURA, Albert; AZZI, Roberta Gurgel; POLYDORO, Soely. **Teoria social cognitiva**: conceitos básicos. Tradução de Ronaldo Cataldo Costa. Porto Alegre: Artmed Editora, 2008.

BAGNO, Marcos; RANGEL, Egon de Oliveira. Tarefas da educação linguística no Brasil. **Revista Brasileira de Linguística Aplicada**, Belo Horizonte, v. 5, n. 1, p. 63-81, 2005.

BALLY, Charles; SECHEHAYE, Albert (org.). **Curso de Linguística Geral**. São Paulo: Cultrix, 2006.

BIDERMAN, Maria Tereza Camargo. Léxico e vocabulário fundamental. **Alfa**: revista de linguística. São José do Rio Preto v. 40, 1996.

BIRDWHISTELL, Ray. **Kinesics and context**: essays on body motion communication. Philadelphia: University of Pennsylvania Press, 1970.

BASEGGIO, Denice Bortolin. Psicossomática na Infância: uma abordagem psicodinâmica. **Revista de Psicologia da IMED**, Passo Fundo v. 4, n. 1, p. 629-639, 2012.

BLOCK, David. **The social turn in second language acquisition**. Washington: Georgetown University Press, 2003.

BRASIL. Lei n.º **10.098, de 19 de dezembro de 2000**. Dispõe sobre Acessibilidade. **Diário Oficial União**, Brasília, 2000. Disponível em: http://www.planalto.gov.br/ccivil_03/leis/l10098.htm. Acesso em: 23 fev. 2023.

BRASIL. Lei n.º **10.436, de 24 abril de 2002**. Dispõe sobre a Língua Brasileira de Sinais – Libras e outras providências. **Diário Oficial União**, Brasília, 2002. Disponível em: http://www.planalto.gov.br/ccivil_03/leis/2002/l10436.htm. Acesso em: 23 fev. 2023.

BRASIL. Decreto n.º **5.626, de 22 de dezembro de 2005**. Regulamenta a Lei n.º 10.436, de 24 de abril de 2002, que dispõe sobre a Língua Brasileira de Sinais. **Diário Oficial União**, Brasília, 2005. Disponível em: http://www.planalto.gov.br/ccivil_03/_ato2004-2006/2005/decreto/d5626.htm. Acesso em: 28 fev. 2023.

BRASIL. Lei n.º **9.394, 20 de dezembro de 1996**. Capítulo II, Artigo 26, inciso 5º. Alterada pela Lei n.º 13.415/17. Estabelece as diretrizes e bases da educação nacional. **Diário Oficial União**, Brasília, 1996. Disponível em: https://www.planalto.gov.br/ccivil_03/leis/l9394.htm. Acesso em: 29 maio 2023.

BRITO, Lucinda Ferreira. **Por uma gramática de línguas de sinais**. Rio de janeiro: TB – Edições Tempo Brasileiro, 2010.

CAMARGO, Eder Pires de. Inclusão social, educação inclusiva e educação especial: enlaces e desenlaces. **Ciência & Educação**, Bauru, v. 23, n. 1, p. 1-6, 2017. Disponível em: https://www.scielo.br/j/ciedu/a/HN3hD6w466F9LdcZqHhMm-Vq/?lang=pt&format=pdf. Acesso em: 13 mar. 2023.

CASTORIADIS, Cornélius. **A instituição imaginária da sociedade**. Rio de Janeiro: Paz e Terra, 1982. Tradução do original em francês L'institution imaginaire de la société. Paris: Éditions du Seuil, 1975.

CASTORIADIS, Cornélius. **As encruzilhadas do labirinto 2**: os domínios do homem. Rio de Janeiro: Paz e Terra, 1987. Tradução do original em francês Domaines de l'homme/ Les carrefours du labyrinthe. II Paris: Éditions du Seuil, 1986.

CEZARIO, Maria Maura; VOTRE, Sebastião. Sociolinguística. *In:* MARTELOTTA, Mário Eduardo (org.). **Manual de linguística**. São Paulo: Contexto, 2011, p. 141-155.

CHIACHIRI, Roberto. **O poder sugestivo da publicidade**: uma análise semiótica. São Paulo: Cengage Learning, 2010.

COELHO, Lidiane Pereira; MESQUITA, Diana Pereira Coelho de. Língua, cultura e identidade: conceitos intrínsecos e interdependentes. **Entreletras**, Araguaína/TO, v. 4, n. 1, p. 24-34, jan./jul. 2013.

CONSELHO NACIONAL DOS DIREITOS DA CRIANÇA E DO ADOLESCENTE e CONSELHO NACIONAL DE ASSISTÊNCIA SOCIAL. **Orientações técnicas**: serviços de acolhimento para crianças e adolescentes. Brasília: Conanda/Cnas, 2009.

COREN SP. Linguagem não verbal: A forma mais relevante de se comunicar. **Enfermagem Revista**, São Paulo, v. 6, p. 12-15, out./nov./dez. 2013. Disponível em: https://portal.coren-sp.gov.br/sites/default/files/12_linguagem_nao_verbal.pdf. Acesso em: 22 jul. 2022.

CORRAZE, Jacques. **As comunicações não-verbais**. Rio de Janeiro: Zahar, 1982.

CUNHA JUNIOR, Elias Paulino da. **Surdos professores**: a constituição de identidades por meio de novas categorias pelo trabalho em territórios educativos.

Orientadora: Fernanda Coelho Liberali. 2022. 518f. Tese (Doutorado em Linguagem) – Linguística Aplicada e Estudos da Linguagem: Linguagem e Educação, PUC-SP, São Paulo, 2022.

DAVIS, Flora. **A comunicação não-verbal**. São Paulo: Summus, 1979.

DELLAGNEZZE. René. A hermenêutica jurídica parte 1: sistemas e meios interpretativos. **Jus.com.br**, [s. l.], 2019. Disponível em: https://jus.com.br/artigos/72774/a-hermeneutica-juridica-parte-1- sistemas-e-meios-interpretativos. Acesso em: 27 fev. 2023.

DEL RIO, Maria José. Comportamento e aprendizagem: aplicações escolares. *In:* COLL, Cesar; PALÁCIOS, Jesús; MARCHESI, Alvaro. **Desenvolvimento Psicológico e Educação**. Porto Alegre: Artes Médicas, 1996. p. 25-44.

DIVISÕES da linguística. Programa de pós-graduação em letras e linguística, UFG. Disponível em: https://pos.letras.ufg.br/n/2105-divisoes-da-linguistica. Acesso em: 10 fev. 2023.

FARIAS, Luiz Alberto de. **Opiniões voláteis**: opinião pública e construção de sentido. São Paulo: Umesp, 2019.

FERNANDES, Sueli. **Língua Brasileira de Sinais-Libras**. Curitiba: IESDE, 2018.

GAINES, Stanley O.; REED, Edward S. Prejudice: from Allport to DuBois. **American Psychologist**, Washington, v. 50, n. 2, p. 96-103, 1995.

GIBSON, James J. **The Perception of the Visual World**. Boston: Houghton Mifflin, 1950.

GUERREIRO, Glorinha Mendonça da Silva. **Cultura, linguagem e ensino de língua estrangeira**: um estudo acerca desta inter-relação. Dissertação (Mestrado em Estudos Linguísticos) – Instituto de Biociências, Letras e Ciências Exatas, Universidade Estadual Paulista, São José do Rio Preto. Disponível em: https:// repositorio.unesp.br/bitstream/handle/11449/93902/guerreiro_gms_me_sjrp. pdf?sequence=1. Acesso em: 26 abr. 2023.

GUMPERZ, J.; LEVINSON, S. Introduction: linguistic relativity re-examined. *In:* GUMPERZ, J. J.; LEVINSON, S. C. **Rethinking linguistic relativity**. Cambridge: Cambridge University Press, 1996. p. 1-18.

HALL, Edward T. **A dimensão oculta**. Tradução de Sonia Coutinho. Rio de Janeiro: Francisco Alves, 1977.

HAMERS, Josiane F.; BLANC, Michel. **Bilinguality and bilingualism**. Cambridge: Cambridge University Press, 2000.

HEIDEGGER, M. **Bâtir-Habiter-Penser**. Essais et conférences. Paris: Gallimard, 1996.

KRAMSCH, Claire. **Language and culture**. Oxford: Oxford University Press, 1998.

KROLL, Judith F.; GROOT, Annette M. B. **Handbook of bilingualism**: psycholinguistic approaches. Oxford: Oxford University Press, 2009.

LABORIT, Emmanuelle. **O voo da gaivota**. Tradução de Lelita de Oliveira. São Paulo: Best Seller, 1994.

LACERDA, Cristina Broglia Feitosa. **Intérprete de Libras**: em atuação na educação infantil e ensino fundamental. Porto Alegre: Mediação, 2010.

LANTOLF, James P.; THORNE, Steven L. Sociocultural Theory and Second Language Learning. **Theories in Second Language Acquisition**. Mahwah, NJ: Lawrence Erlbaum, 2007. p. 201-224.

LEITÃO, M. Psicolingüística Experimental: Focalizando o processamento da linguagem. *In:* MARTELOTTA, M. (org.). **Manual de Lingüística**. São Paulo: Contexto, 2008, p. 177-192.

LEITE, Tobias Rabelo. **Instituto dos surdos-mudos**: relatório do diretor. Rio de Janeiro: Typographia Nacional, 1869.

LEITE, Tobias Rabelo. **Instituto dos surdos-mudos**: relatório do diretor. Rio de Janeiro: Typographia Nacional, 1871.

LIMA, Rita de Cássia Pereira; CAMPOS, Pedro Humberto Faria. Campo e grupo: aproximação conceitual entre Pierre Bourdieu e a teoria moscoviciana das representações sociais. **Educação e Pesquisa**. São Paulo v. 41, n. 1, p. 63-77, jan./mar. 2015. Disponível em: https://ptdocz.com/doc/1248132/educa%C3%A7%C3%A3o-e-pesquisa--v.-41--- educa%C3%A7%C3%A3o-e-pesquisa-%E2%80%93-revista. Acesso em: 5 abr. 2023.

LONG, J. Schuyler. **The sign language**: a manual of signs. [*S. l.*]: American Annals of the Deaf, 1910.

LUNARDI, Márcia Lise. **Língua, cultura e identidade**: 2º semestre. Santa Maria: Universidade Federal de Santa Maria, Pró-Reitoria de Graduação, Centro de Educação, Curso de Graduação a Distância de Educação Especial, 2005. Disponível em: https://repositorio.ufsm.br/bitstream/handle/1/17592/Curso_Ed-Espe-cial_L%C3%ADngua-Cultura- Identidade.pdf?sequence=1&isAllowed=y. Acesso em: 23 mar. 2023.

MATSCHNIG, Monika. **O corpo fala ilustrado**: gestos reveladores e sinais eficazes. Tradução de Fernanda Romero Fernandes Engel. São Paulo: Editora Vozes Nobilis, 2013.

MARTELOTTA, Mário Eduardo; WILSON, Victoria. Arbitrariedade e iconici-dade. *In:* MARTELOTTA, Mário Eduardo (org.). **Manual de linguística**. São Paulo: Contexto, 2011. p. 71-86.

MARSH, D. *et al.* **A vantagem bilíngue**: o impacto do aprendizado de línguas na mente e no cérebro. Jyväskylä: EduCluster Finlândia, Grupo da Universidade de Jyväskylä, Realvi, 2020. Disponível em: https://www.languages.dk/docs/Portuguese_Bilingual_Advantage_FINAL.pdf. Acesso em: 25 abr. 2023.

MARTINS, Bianca. **Linguagem não verbal e seus efeitos na contemporanei-dade**. JusBrasil, 2016. Disponível em: https://biancamartins1.jusbrasil.com.br/artigos/337514439/linguagem-nao-verbal-e- seus-efeitos-na-contemporaneidade. Acesso em: 23 jul. 2022.

MEGALE, Antonieta Heyden. Bilinguismo e educação bilíngue: discutindo con-ceitos. **Revista Virtual de Estudos da Linguagem–ReVEL**. Petrópolis, v. 3, n. 5, p. 1-13, ago. 2005. Disponível em: http://www.revel.inf.br/files/artigos/revel_5_bilinguismo_e_educacao_bilingue.pdf. Acesso em: 11 abr. 2023.

MOTTEZ, Bernard. Os Surdos como Minoria Linguística. **Revista Espaço**, Rio de Janeiro, n. 48, p. 21-34, jul./dez. 2017.

NOGUEIRA, Aryane S. Práticas translíngues na educação linguística de surdos mediada por tecnologias digitais. **Diacrítica**, Braga, v. 34, n. 1, p. 291-310, 2020.

OLIVEIRA, Thiago Soares de. A sociolinguística e a questão da variação: um panorama geral. **Revista de Letras**, Curitiba, v. 19, n. 25, p. 1-18, jan./jun. 2017.

OLIVEIRA, Marta Kohl de. Problemas da afetividade em Vygotsky. *In:* LA TAI-LLE, Yves de; OLIVEIRA, Marta Kohl de; DANTAS, Heloysa de Lima. **Piaget, Vygotsky, Wallon**: teorias psicogenéticas em discussão. São Paulo: Summus, 1992, p 75-85.

PEREIRA, Lauro Sérgio Machado; DA SILVA, Kleber Aparecido; GUIMARÃES, Renata Mourão. Internacionalização da educação como prática translíngue: parâmetros e proposições para a formação crítica de professores de línguas. **Revista X**, Curitiba, v. 15, n. 1, p. 202-226, 2020.

PETTER, Margarida Maria Taddoni. Linguagem, língua, lingüística. *In:* FIORIN, José Luiz (org.). **Introdução à linguística**. [*S. l.*]: Contexto, 2006, p. 11-25.

PINTO, Daniel Neves. **Língua Brasileira de Sinais**. Aracaju: Unit, 2012.

PEIRCE, Charles Sanders. **Escritos Coligidos, selecionados e traduzidos por Armando mora D'Oliveira e Sérgio Pomerangblum**. São Paulo: Abril Cultural, 1974. v. XXXVI.

PEIRCE, Charles S. **Semiótica**. Tradução de José Teixeira Coelho Netto. São Paulo: Perspectiva, 1990.

QUADROS, Ronice Muller de; KARNOPP, Lodenir Becker. **Língua de sinais brasileira**: estudos linguísticos. Porto Alegre: Artmed, 2004.

REDAÇÃO Mundo Estranho. Quem criou a língua de sinais para surdos? **Revista SuperInteressante**, [*s. l.*], 18 abr. 2011. Disponível em: https://super.abril.com.br/mundo-estranho/quem-criou-a- linguagem-de-sinais-para-surdos/. Acesso em: 22 jul. 2022.

REVUZ, Christine. A língua estrangeira entre o desejo de um outro lugar e o risco do exílio. Tradução de Silvana Serrani-Infante. *In:* SIGNORINI, Inês (org.). **Lingua(gem) e Identidade**. Campinas: Mercado das Letras, 1998. p. 213-230. Disponível em: https://ediscipinas.usp.br/pluginfile.php/4240135/mod_resource/content/1/Texto%20de%20Christine%20Revuz.pdf. Acesso em: 27 mar. 2023.

RODRIGUES, Isabel Galhano. Comunicação não-verbal e filmes etnográficos: os movimentos do corpo como património imaterial. **Prisma.com**, Porto, n. 1, p. 61-100, 2005. Disponível em: https://www.brapci.inf.br/_repositorio/2018/01/pdf_8e88ebc765_0000028795.pdf. Acesso em: 28 mar. 2022.

ROMANO, Rogério Tadeu. Limites da interpretação conforme. **Jus.com.br**, [*s. l.*], 2020. Disponível em: https://jus.com.br/artigos/78902/limites-da-interpretacao-conforme. Acesso em: 2 mar. 2023.

RUBIO-FERNÁNDEZ, Paula; GLUCKSBERG, Sam. Reasoning about other people's beliefs: bilinguals have an advantage. **Journal of Experimental Psychology**: Learning, Memory, and Cognition. Washigton, v. 38, n. 1, p. 211-217, 2012.

RUZZA, Mara Lopes Figueira de. **Protagonismo surdo**: currículo como construção da autoria. 2020. Tese (Doutorado em Educação: Currículo) – Programa de Estudos Pós-Graduados em Educação: Currículo da Pontifícia Universidade Católica de São Paulo, São Paulo, 2020.

SANTAELLA, Lúcia. **O que é semiótica**. São Paulo: Brasiliense, 1983.

SANTAELLA, Lucia. **Matrizes da linguagem e pensamento**: sonora, visual, verbal: aplicações na hipermídia. São Paulo: Editora Iluminuras, 2001.

SAPIR, Edward. The status of linguistics as a science. **Language**, Washington, v. 5, p. 207-214, 1929.

SHELLES, Suraia. A importância da linguagem não-verbal nas relações de liderança nas organizações. **Revista Esfera**, Macaé, v. 1, n. 1, p. 1-8, jan./jun. 2008. Disponível em: http://www.fsma.edu.br/esfera/Artigos/Artigo_Suraia.pdf. Acesso em: 23 jul. 2022.

SINELLI, Patrícia; SOUZA, Sandro. **Educação bilíngue**: pedagogia e linguística em duas línguas. São Paulo: Editora Pleiade, 2005.

SIGNORINI, Inês (org.). **Língua (gem) e identidade**: elementos para uma discussão no campo aplicado. Campinas: Mercado de Letras; São Paulo: Fapesp, 1998.

SILVA, Paulo Cesar Garré; SOUSA, Antonio Paulino de. Língua e Sociedade: influências mútuas no processo de construção sociocultural. **Revista Educação e Emancipação**, São Luís, v. 10, n. 3, p. 260-285, set./dez. 2017.

SILVA, Cleusangela Barros Meira. Libras: as expressões faciais dos surdos e intérpretes. **Signumweb**, Nova Vila, Minas Gerais, 16 nov. 2018. Disponível em: https://blog.signumweb.com.br/curiosidades/libras-expressoes-faciais-dos-surdos/. Acesso em: 24 abr. 2023.

SCHOLL, Ana Paula. O conceito de translinguagem e suas implicações para os estudos sobre bilinguismo e multilinguismo. **Revista da Abralin**, Rio Grande do Sul, v. 19 n. 2, p. 1-5, 2020.

SODRÉ, Muniz. **A ciência do comum**: notas para o método comunicacional. Petrópolis: Vozes, 2014.

SOUZA, Paulo Chagas de. Fonologia de laboratório. *In:* FIORIN, José Luiz (org.). **Novos caminhos da linguística**. São Paulo: Editora Contexto, 2017. p. 11-35.

SOFIATO, Cassia Geciauskas. **O desafio da representação pictórica da língua de sinais brasileira**. 2005. Dissertação (Mestrado em Artes) – Instituto de Artes, Universidade Estadual de Campinas, Campinas, 2005. Disponível em: https:// hdl.handle.net/20.500.12733/1600554. Acesso em: 20 jun. 2023.

SOUZA, Nicole Kennia Leite; NASCIMENTO, Rodrigo Vieira do. A relação entre língua e cultura em uma comunidade tradicional no estado do Tocantins: quebradeiras de coco babaçu. **Revista Humanidades & Inovação**, Palmas, v. 7, n. 15, p. 107-123, 2020.

STB. Ser bilíngue pode reestruturar o seu cérebro: conhecer mais de um idioma pode melhorar as habilidades cognitivas e até prevenir doenças; descubra outras vantagens. **Blog do intercâmbio**, [*s. l.*], 17 jan. 2020. Disponível em: https://blog-dointercambio.stb.com.br/ser-bilingue-pode-reestruturar-seu- cerebro/#:~:text=%E2%80%9COs%20bil%C3%ADngues%20s%C3%A3o%20um%20verdadeiro,exe mplo%20de%20exerc%C3%ADcio%20mental%20intenso. Acesso em: 28 fev. 2023.

TAFAREL, Gabriele. As teorias de aquisição de segunda língua. **Revista Científica Semana Acadêmica**, Fortaleza, v. 1, p. 1-14, 2018, ed. 127. Disponível em: https://semanaacademica.org.br/system/files/artigos/tcc_pos.pdf Acesso em: 2 maio 2023.

TEIXEIRA, Julio Monteiro. **Gestão visual de projetos**: um modelo que utiliza o desenvolvimento de projetos. Tese (Doutorado em Engenharia de Produção) – Programa de Pós-Graduação em Engenharia de Produção, Universidade Federal de Santa Catarina, Florianópolis, SC, 2015.

TRANS-ING Language and Cognition: Debates and Directions of Translanguaging Research. Conferência apresentada por Li Wei. [*S. l.: s. n.*]: 2020. 1 vídeo (57min 25s). Publicado pelo canal da Associação Brasileira de Linguística. Disponível em: https://www.youtube.com/watch?v=RxBBaRaO9jk. Acesso em: 16 mar. 2023.

VIGOTSKI, Lev Semenovich. **Pensamento e Linguagem**. São Paulo: Martins Fontes. 1987. Disponível em: https://edisciplinas.usp.br/pluginfile.php/2477794/ mod_resource/content/1/A%20construcao%20do%2 0pensamento%20e%20da%20 linguagem.pdf. Acesso em: 17 abr. 2023.

VYGOTSKY, Lev Semenovich. **O desenvolvimento psicológico na infância**. Tradução de Claudia Berliner. São Paulo: Martins Fontes, 1998.

VIGOTSKI, Lev Semenovich. **A construção do pensamento e da linguagem**. São Paulo: Martins Fontes, 2001.

WEIL, Pierre. **O corpo fala**: a linguagem silenciosa da comunicação não verbal. Rio de Janeiro: Editora Vozes, 2015.

WEI, Li. Translanguaging and code-switching: what's the difference. **Blog Post**, OUPblog, Oxford UP, v. 9, 2018. Disponível em: https://blog.oup.com/2018/05/translanguaging-code-switching- difference/. Acesso em: 5 maio 2023.

WINQUES, Kérley. Reconfigurações da espiral do silêncio a partir da noção de mediações algorítmicas. *In:* CONGRESSO BRASILEIRO DE CIÊNCIAS DA COMUNICAÇÃO, 43., 2020, Virtual. **Anais** [...]. São Paulo: Intercom, 2020. p. 1-16. Disponível em: http://www.intercom.org.br/sis/eventos/2020/resumos/R15-2480-1.pdf. Acesso em: 13 mar. 2023.

WIRTH, Louis. Morale and minority groups. **American Journal of Sociology**, Chigago, v. 47, n. 3, p. 415-433, nov. 1941. Disponível em: https://www.journals.uchicago.edu/doi/epdf/10.1086/218921. Acesso em: 28 mar. 2023.

WITTGENSTEIN, Ludwig. **Tratado lógico-filosófico**: investigações filosóficas. Lisboa, Portugal: Fundação Calouste Gulbenkian, 2015.